MOTIVATION BOOK

Sandra Insoha

W0336650

# 3 MOIS pour adopter la vie healthy

MOTIVATION BOOK

Sandra Insoha

# 3 MOIS pour adopter la vie healthy

hachette BIEN-ÊTRE

Avertissement : ce livre ne remplace pas l'avis d'un médecin. Les dessins des postures de Yoga ont vocation d'illustrations et ne remplacent en aucun cas les conseils prodigués lors d'un cours par un professionnel.



Direction Hachette Pratique : Catherine Saunier-Talec
Responsable éditoriale : Stéphane Rosa
Responsable artistique : Nicolas Beaujouan
Conception graphique et couverture : Nicole Dassonville
Illustrations : Violaine Berlinguet
Photographie : Magali Ancenay de Luca
Mise en page : Nordcompo (Villeneuve d'Ascq)
Révision : Audrey Peuportier
Fabrication : Cécile Alexandre
Responsable de la communication : Johanna Rodrigue-Faitot
Partenariats : Sophie Morier

Retrouvez-nous sur :
www.instagram.com/hachettebienetre
www.facebook.com/hachettebienetre

# Sommaire

# HELLO

**BIENVENUE DANS MA VIE DE YOGINI *HAPPY & HEALTHY.***

*J'imagine que si tu as ouvert ce livre aujourd'hui, c'est que quelque chose t'a attiré(e). Quelle que soit ton histoire et ce qui t'a amené(e) jusqu'ici, si tu lis ces mots c'est que ton cœur t'y a conduit. Je ne crois pas au hasard. Je crois même que chaque chose a sa raison d'être. Et j'espère que tu trouveras dans ce livre ce que tu es venu(e) chercher.*

Je tiens à te remercier profondément d'avoir répondu à cet appel de ton cœur. Cela est signe que tu as envie d'améliorer ta vie, que tu as envie d'utiliser au mieux ton potentiel, que tu recherches un épanouissement plus grand, ou que tout simplement, « c'est le moment ». Que ce soit conscient ou inconscient, cela montre un désir d'évoluer, de grandir, de se reconnecter avec soi-même, de suivre son cœur, de devenir une meilleure personne, et tout cela ne peut être que bon. Bon pour toi tout d'abord, et bon également pour les personnes qui entrent en contact avec toi, d'une manière ou d'une autre. Et même plus encore, bon pour le monde tout entier. Car ce que nous portons à l'intérieur, nous le diffusons à l'extérieur. Je tiens à te remercier parce que même si l'on a souvent considéré que le fait de « prendre soin de soi » était un acte égoïste, je suis convaincue aujourd'hui que c'est tout l'inverse.

Lorsque nous sommes positifs et épanouis, nous diffusons ces bonnes énergies tout autour de nous et nous élevons la vibration partout où nous allons. À l'inverse, lorsque nous sommes négatifs et que nous portons en nous des sentiments de colère, de haine, de violence ou de peur, non seulement nous nous faisons du mal, mais en plus nous impactons tout notre entourage, comme si nous déversions notre poison tout autour de nous. Cela abaisse la vibration.

Nous sommes tous connectés dans ce vaste Univers. Nous sommes énergie, et l'énergie circule. Ce que nous donnons, nous recevons ; ce que nous émettons, nous attirons. Je crois fort que nous sommes poussés en ce moment même à nous réveiller, à guérir de notre passé, à reconnaître nos blessures afin de refermer les plaies, pour ainsi arrêter la propagation de la peur. Nous devons nous rassembler pour créer un monde meilleur. Un monde de paix et d'amour. Seul un changement profond à l'échelle de l'individu peut nous amener à un changement durable à l'échelle collective.

Je parle de « changement », mais au fil du temps et de mon parcours, je me suis rendu compte qu'il s'agissait peut-être d'un abus de langage. Car au final, je pense que nous sommes parfaits, tels que nous sommes. À la naissance nous sommes purs, tels des diamants éclatants de lumière ; seulement la vie fait que progressivement la poussière s'accumule sur ce diamant, et ternit sa lumière. Parce que nous nous obligeons à entrer dans le cadre de notre société, parce que nous acceptons les croyances de nos proches… Les expériences que nous avons vécues jusqu'ici nous ont forgés, et à partir de là nous avons inconsciemment créé un système de croyances à travers lequel nous percevons notre réalité. Nous nous plions aux règles, nous essayons de nous convaincre que ce que les autres attendent de nous est également ce que nous voulons pour nous-même. Et souvent, dans ce processus, nous oublions petit à petit qui nous sommes vraiment... Et puis arrive un moment où l'on se rend compte que ce système de croyances ou cette réalité que nous nous sommes créée ne nous est pas bénéfique. Alors il est temps, temps de se réveiller et d'enlever la poussière.

Tout ce que tu as besoin de savoir, tu le sais déjà. Tu as juste besoin de te le rappeler. Qui es-tu? Qu'es-tu venu(e) faire ici? Tu es la réponse que tu recherches à l'extérieur. Toi seul(e) peux savoir ce qui est bon pour toi.

Au-delà du programme que je propose dans ce livre, il y a une invitation à reconnecter avec ton cœur, car comme Antoine de Saint-Exupéry le dit dans *Le Petit Prince* : « On ne voit bien qu'avec le cœur, l'essentiel est invisible pour les yeux. »

Il n'y a pas une recette du bonheur qui convienne à tout le monde. C'est à toi de créer ta propre recette. Ainsi la seule chose que chacun puisse faire c'est être l'exemple de ses convictions et de ses choix de vie. Car en étant l'exemple vivant de ce que l'on veut transmettre, on permet aux autres de l'être également.

C'est pourquoi mon intention dans ce livre n'est pas de dicter une méthode à la lettre, mais de partager ma vision de la vie dans sa globalité, ainsi que les techniques et outils que j'ai eu la chance d'étudier et qui m'ont permis de trouver ma route, dans l'espoir que cela t'incite à explorer et t'aide à trouver ton propre chemin vers la santé et l'épanouissement.

Avec tout mon soutien,
Sandra

# Une approche holistique...

## HOLISTIQUE ?

*Il ne s'agit ni d'un mot ésotérique, ni mystique, ni même théologique. C'est un terme qui vient de la racine « holos », en grec, qui veut dire « le Tout ». Il s'agit donc d'une approche qui prend en compte la totalité de ton être : c'est-à-dire ton corps, ton esprit et ton âme. Tu es un organisme vivant, un univers à toi tout(e) seul(e), et cela va bien au-delà de ton corps physique. Toutes les dimensions de ton existence sont intrinsèquement liées. Comme un système de tenségrité, c'est-à-dire de forces opposées qui se répartissent pour stabiliser une structure, dans lequel chaque dimension de ta vie impacte l'ensemble des autres. Je parle ici des dimensions physique, mentale, émotionnelle, sociale, culturelle, familiale, spirituelle...*

Je pense que les générations antérieures ont eu tendance à compartimenter les dimensions de leur vie afin de gagner en productivité. Nous avons découpé, rationalisé, isolé nos symptômes, et traité chacun de manière indépendante. Et cela a été efficace... jusqu'à un certain point.

Aujourd'hui, nous sommes appelés à nous « rassembler ». Non seulement les uns avec les autres, mais aussi et d'abord à se rassembler avec nous-mêmes. C'est-à-dire rassembler ces « bouts » de nous éparpillés, oser voir les connexions et les relations entre un symptôme physique et une douleur émotionnelle, et oser écouter son cœur.

Je m'explique : entretenir son corps pour maintenir une bonne santé est sans doute le plus évident. Si tu manges systématiquement de la *junk food*, ne fais aucun exercice physique, évolues dans un environnement pollué, et as un rythme de vie malsain, alors ton corps va forcément en payer les conséquences. Il est clair que la relation que nous entretenons avec notre corps est essentielle pour notre bien-être et notre santé générale.

Mais qu'en est-il de l'esprit et de l'âme ? Comment ces dimensions-là peuvent-elles impacter notre santé globale ? Tu pourrais suivre toutes les règles d'hygiène possibles et imaginables au niveau physique, mais si tu as, par exemple, de la colère qui te ronge ou des pensées négatives qui tournent en boucle, alors tu empoisonneras ton corps à petit feu. Si tu ne prends pas le temps d'évacuer ces émotions destructrices et de faire un travail de profondeur, le poison peut venir s'accumuler dans les zones les plus fragiles de ton corps et créer des symptômes qui s'amplifient au fil du temps jusqu'à développer une maladie plus grave si tu ne réagis pas. C'est pourquoi l'aspect mental est tout aussi important !

De la même manière, admettons que tu fasses tout au niveau physique pour te maintenir en bonne santé, et que tu fasses l'effort d'avoir des pensées positives et d'amour, mais que tu n'aies pas osé suivre l'appel de ton cœur ou la carrière de tes rêves. Alors il se pourrait bien que ton corps t'envoie des signaux d'alarme, qui seront de plus en plus forts, pour te forcer à te réveiller et te pousser à aligner ta vie en harmonie avec les désirs de ton âme !

La seule façon de retrouver et entretenir une santé durable et un épanouissement réel et profond, c'est d'aligner toutes les dimensions de ton être. Et tu peux compter sur ton corps pour te faire signe dès que tu n'es plus en harmonie ! La beauté dans tout ça, c'est que quels que soient ces symptômes et leurs origines, ils sont l'opportunité d'une guérison plus profonde. Lorsque tu guéris à travers une approche holistique, tu guéris non seulement ton corps, mais également les générations précédentes et futures.

Cette approche holistique, je l'ai développée au fil de mon parcours. Tout ce que j'ai étudié jusqu'à présent n'a fait que renforcer cette idée que TOUT EST LIÉ. Toutes les approches orientales sont unanimes sur ce point : corps, âme et esprit sont liés. Voilà pourquoi j'invite chacun étant à la recherche d'un bonheur durable et profond (qui ne l'est pas ?) à prendre en considération toutes les dimensions de sa vie. Même si cela peut être inconfortable, voire dérangeant, au départ, je te promets que ce sera « pour le meilleur ».

Commençons déjà par nous habituer à cette idée peut-être nouvelle en répétant cette affirmation autant de fois que nécessaire :

**Je mérite d'être pleinement épanoui(e) à tous les niveaux de ma vie.**

# Comment utiliser ce programme ?

C'est l'histoire d'une personne qui a vécu toute sa vie jusqu'ici sans trop se poser de questions. Cette personne a fait du mieux qu'elle pouvait pour avoir une situation, un boulot, une famille, une vie. Elle était plongée dans le quotidien, avec la sensation de courir après le temps constamment. Elle commençait à sentir qu'elle arrivait au bout d'une bobine qui semblait probablement bien trop longue. Elle avait besoin de changer quelque chose, elle sentait qu'elle avait besoin de se poser, pour peut-être «se retrouver», sans trop savoir ce que cela voulait dire au final. Cette sensation qu'il lui manquait quelque chose s'amplifiait de jour en jour. Ses amis essayaient de la calmer en lui disant qu'elle avait tout pour être heureuse, et que c'était peut-être juste dans sa tête, mais cette sensation ne la quittait plus. Et puis un jour, sortie de nulle part, elle s'est rappelé qu'elle avait une maison de campagne. Cette maison, elle l'avait complètement oubliée! Sa première réaction a été la surprise, bien sûr. Non seulement la surprise de savoir qu'elle avait une maison de campagne, mais aussi la surprise de se rendre compte qu'elle l'avait oubliée. *Comment ai-je pu oublier une chose pareille? Une chose «grosse comme une maison!»*. Peut-être simplement que la vie l'avait embarquée dans un tourbillon et que sans s'en rendre compte, elle avait accepté la course. Après ce premier sentiment de surprise, c'est la curiosité qui rapidement prend le dessus. Maintenant qu'elle sait, elle n'a plus qu'une idée en tête : aller voir cette maison. Après plusieurs tours et détours, car avec le temps, elle a oublié où se situe exactement cette maison, elle arrive enfin. La maison est différente de ses souvenirs : elle a l'air abandonnée. Les murs sont vieillis, et l'apparence est terne et désolée. À l'intérieur, c'est le chaos. Il fait sombre, car la lumière a du mal à passer à travers les fenêtres noircies par la poussière. Elle peut à peine marcher, tellement les pièces sont encombrées d'objets et de choses qui se sont accumulées au fil du temps. Chaque pas est délicat, et soulève un nuage de saleté. Submergée par la tristesse et la culpabilité d'avoir laissé cet endroit à l'abandon, elle est à deux doigts de fondre en larmes, lorsqu'elle perçoit une petite lueur. Un rayon de soleil qui a réussi à se faufiler à travers ce chaos, et qui vient pile éclairer une photo qui repose sur une vieille commode. Une photo de son enfance où son visage est absolument rayonnant. Pendant quelques secondes, le temps s'arrête. C'est un de ces instants magiques, qui la rattrape au vol pour lui rappeler que cette lueur, cette lumière, est encore là, même enfouie dans ce chaos, elle est là. Et cette lumière mérite qu'on lui permette de briller de tout son éclat. Alors elle prend son courage à deux mains, et décide de remettre en état cette maison. Elle commence par faire le tri. Elle jette tout ce qui ne fonctionne plus, tout ce qui est cassé, et tout ce qui ne lui servira plus, pour pouvoir déjà circuler un peu plus librement. Et puis après avoir bien dégagé le passage, elle s'attaque à un grand ménage. À la fin des travaux, elle y voit déjà beaucoup plus clair et elle sent qu'elle pourrait de nouveau habiter ici! Alors, comme elle a libéré beaucoup d'espace et qu'elle a dû jeter beaucoup d'objets qui étaient cassés ou trop vieux, elle veut maintenant remettre les choses à jour, pour assurer les fonctions essentielles. L'électricité, l'eau chaude, un bon lit, un frigo qui marche, et quelques accessoires de base. Ça y est, elle retrouve son «chez elle». Quel bonheur! Elle peut de nouveau habiter ici, et profiter de tout ce que sa maison a de bon. Et bien sûr, cela lui donne envie de l'améliorer encore et encore, pour lui apporter sa touche personnelle, pour en faire son «havre de paix». Alors elle se lance dans la déco, les détails, qui sont simples, mais qui font toute la différence. La voilà plus heureuse que jamais...

Se retrouver, c'est comme retrouver la maison de campagne que l'on avait abandonnée. Il y a la vie en mode pilote automatique, et puis il y a une toute nouvelle vie qui commence lorsque tu retrouves ta maison. Ta maison, c'est ton être tout entier. C'est là que tout commence. Cela demande un peu d'effort bien sûr, mais c'est une aventure qui n'a pas de prix.

J'ai construit ce programme en trois grandes parties :

- **Faire la paix avec le passé :** c'est le moment où tu fais le tri, où tu élimines ce dont tu n'as plus besoin, et où tu fais un grand ménage.
- **Prendre un nouvel élan :** c'est le moment où tu remets les choses en marche. En commençant par l'essentiel pour pouvoir repartir sur de bonnes bases.
- **Apprécier le chemin :** c'est le moment où tu passes à la déco. Pour apprécier encore plus, pour continuer à cultiver l'envie, le plaisir, la créativité, la beauté, la gratitude, et l'amour.

Chaque partie comprend quatre semaines, pour créer un programme sur trois mois. Ce livre a pour but de t'accompagner et te donner des pistes pour y voir plus clair dans ta vie. L'idée est de l'utiliser comme un carnet de bord, et c'est pour cela que tu trouveras de la place pour pouvoir répondre aux questions, faire les exercices proposés, faire le bilan, etc. Je te conseille de lire chaque partie en début de semaine afin d'avoir une vision d'ensemble du focus de la semaine. Ensuite, marque sur ton planning ce que tu comptes faire cette semaine-là. Tu peux ensuite revenir sur les notions et exercices tout au long de la semaine.

Nous abordons un nouveau thème chaque semaine, proposant autour de ce thème une façon de penser, une façon d'être et de respirer, une façon de bouger, et une façon de manger.

### UNE FAÇON DE PENSER :

Grâce à des exercices de développement personnel, nous questionnons nos habitudes, idées reçues et croyances existantes afin de voir comment nous pourrions ouvrir les portes de notre conscience pour nous permettre de construire ou reconstruire un mode de penser à notre avantage.

### UNE FAÇON DE BOUGER :

Bouger c'est bien, et bouger de façon respectueuse pour notre corps, c'est encore mieux! Les postures (asanas) que nous faisons en yoga nous aident à maintenir un corps en bonne santé, car elles mettent l'accent particulièrement sur les fonctionnements internes du corps : le système respiratoire, digestif, circulatoire, hormonal, lymphatique, nerveux, etc. La relaxation que nous faisons en fin de séance de yoga (et que l'on appelle «savasana») nous permet d'évacuer le stress et d'activer le système parasympathique, responsable de la relaxation générale de notre organisme.

**UNE FAÇON D'ÊTRE :**

Comprendre certains concepts de manière intellectuelle ne suffit pas forcément à créer un changement durable. Souvent, c'est un point de départ qui nous aide et nous montre la voie. Mais ensuite, il faut intégrer cette compréhension intellectuelle dans notre corps, dans notre inconscient. Les méditations et les exercices de respiration proposés dans ce programme nous aident à sortir du cadre intellectuel pour permettre à l'intelligence intuitive de notre corps de faire son travail.

**UNE FAÇON DE MANGER :**

L'alimentation fait partie intégrante de notre santé (et cela fait également partie du yoga, au sens large). Je suis donc très attentive à ce que je mets dans mon assiette. Je ne suis pas une cuisinière professionnelle, et j'aime la cuisine simple. Avec mes recettes, je veux te montrer que tu peux manger simplement et sainement tout en te faisant plaisir et en respectant l'environnement.

À la fin de chaque mois, tu trouveras un calendrier où tu peux noter les jours où tu as réalisé les exercices proposés. Tu auras certainement plus d'affinités avec certains exercices que d'autres, mais je t'invite à au moins tous les essayer. L'important, c'est toujours l'engagement que tu prends envers toi-même. L'exécution de certains exercices peut être quotidienne ou ponctuelle, selon le cas.

Enfin, n'aie pas peur d'écrire sur le livre, c'est ton compagnon de route. Un jour tu pourras feuilleter les pages en repensant à tout le chemin que tu auras parcouru, et tu pourras être fier(ère) de toi.

Tu mérites tout le bonheur du monde.
La question est : « Est-ce que tu es prêt(e) ? »

# Les ACCESSOIRES bien-être

La vérité, c'est que nous n'avons pas besoin de grand-chose pour vivre heureux et en bonne santé. Mais si le fait de te procurer un beau de tapis de yoga te motive à pratiquer, alors je dis « Oui » !

Voici donc les quelques accessoires qui font partie de mes essentiels bien-être :

**Le tapis de yoga**
*Of course.* Ton tapis de yoga, c'est comme une porte d'accès à ton temple sacré. Choisis-le avec soin. Plus épais si tu as les genoux sensibles et si tu préfères les pratiques douces, plus fin si tu aimes les pratiques dynamiques et les postures d'équilibre.
Mon conseil : garde ton tapis déroulé, soit au pied de ton lit, soit dans ton endroit « yoga ». Comme ça tu le verras te tendre les bras chaque jour et tu ne pourras pas lui résister !

**Une ou deux briques de yoga**
Les briques peuvent t'aider à trouver ton équilibre dans certaines postures, à caler un genou, à surélever les hanches, ou servir de support pour des postures d'ouverture.

**Le coussin de méditation**
Il te permet de surélever les hanches pour avoir une meilleure posture assise. Tenir la posture assise est l'un des grands défis lorsque l'on commence la méditation, alors tout ce qui peut nous aider est le bienvenu ! Tu peux aussi rouler une couverture qui fera office de coussin.

**Le carnet**
Tu peux bien sûr utiliser ce *workbook* pour répondre aux questions et faire les exercices que je te propose, mais je te recommande vivement d'avoir également un carnet avec lequel tu vas poursuivre ta route. Tu te rendras rapidement compte que les choses prennent une autre dimension lorsqu'elles sont posées noir sur blanc. Certaines études ont montré que le fait d'écrire permet de mobiliser l'ensemble du cerveau. Ce carnet te permettra donc de clarifier tes idées, d'exprimer tes sensations, de voir ton évolution. Il est ton compagnon de route.

**Diffuseur d'huiles essentielles**
C'est le genre de petits plus qui pour moi fait toute la différence. On en n'a pas « besoin », mais c'est tellement agréable d'entrer dans une pièce et de sentir cette douce odeur qui invite à revenir au moment présent et à apprécier les choses simples. J'aime diffuser des huiles essentielles avant mes séances d'hypnose ou de coaching, et avant ma pratique personnelle.

**Le blender et l'extracteur de jus**
L'un, ou l'autre, ou les deux !
L'extracteur permet d'extraire le jus des fruits et légumes que tu consommes, pour obtenir des jus limpides et très faciles à digérer.
Le blender permet de créer plutôt des smoothies, étant donné qu'il n'y a pas de « déchets » lors de la préparation. Tu peux t'en servir pour faire des soupes, des jus végétaux, des glaces, des préparations de gâteaux, des tartinades, etc.

# Prêt(e) ?

Ta vie est ton œuvre d'art. À toi d'en faire la plus belle pièce que tu pourras imaginer dans tes rêves les plus fous.
En prenant la décision de lire ce livre, tu prends cet engagement envers toi-même, celui de mettre tout ton cœur à l'ouvrage. Un peu comme si tu reprenais les pinceaux du tableau de ta vie. À partir du moment où tu prends la responsabilité d'être l'auteur de ta vie, tout est possible.
Avec courage, honnêteté, patience et persévérance, tout est possible.

Sur la page suivante, je t'invite à écrire la date d'aujourd'hui, car c'est un grand jour !
Et ensuite, écris ton engagement : celui que tu prends avec toi-même. À chaque fois que tu auras besoin de motivation, tu pourras relire cet engagement.

Exemple :
Le 24 janvier 2018 :
Je m'engage à être ouvert(e) aux exercices et techniques proposés. Je m'engage à être honnête envers moi-même...

# Ta LETTRE d'engagement

mois 1

# Faire la paix avec le passé

# Une façon de PENSER

### FAIRE LE POINT

*Avant de commencer tout changement, il convient de faire un état des lieux sincère de la situation actuelle. C'est le moment où l'on arrive dans notre «maison abandonnée».*

Des études ont montré que nous avons environ entre 50 000 et 60 000 pensées par jour, et que la plupart d'entre elles sont répétitives, car nous fonctionnons énormément en pilote automatique : tant que nous ne prenons pas les choses en main, notre cerveau, comme un bon élève, exécute les mêmes schémas de pensées que ceux qu'il a appris à travers son éducation, son environnement, sa culture et parfois en réaction à un événement fort. Heureusement, notre cerveau étant totalement malléable, nous avons la capacité d'apprendre de nouveaux schémas de pensées, et de nous libérer des croyances limitantes.

Tu trouveras à côté une série de questions pour t'aider à faire le point et modifier tes schémas de pensées en conséquence. Rappelle-toi qu'il n'y a pas de mal à vouloir plus. Il n'y a pas de mal à être mécontent(e) de certaines choses dans ta vie, car c'est justement de ce mécontentement qu'émane une motivation à changer, à s'améliorer, à évoluer.
Je ne suis pas d'accord avec l'adage qui dit : «Contente-toi de ce que tu as.» Je pense que nous devons avoir une IMMENSE gratitude pour tout ce que nous avons déjà, tout en continuant à avancer vers ce que nous voulons, car je crois que c'est un besoin primaire que de vouloir évoluer : celui qui perd l'envie d'évoluer perd la vie.

**Mes pensées attirent ma réalité.**

# À TOI de jouer

*Observe ta vie avec franchise, honnêteté et clarté.*

*N'aie pas peur de tes mécontentements ni de tes désirs. À condition qu'ils soient réels et profonds. Car ce sont eux qui te permettront d'avancer.*

*Sois infiniment reconnaissant(e) de tout ce que tu as déjà. Car tu as bien plus que tu ne le penses.*

*Liste une à trois situations dans ta vie qui t'ont déplu et ce qui, selon toi, a fait que tu les as attirées dans ta vie :*

*Liste une à trois situations dans ta vie que tu as aimées et ce qui, selon toi, a fait que tu les as attirées dans ta vie :*

*Quels sont les moments de bonheur ? D'inspiration ? Les moments qui te donnent de la vie ?*

*Quels sont les moments qui te prennent de l'énergie ?*

*Quels sont tes mécontentements ?*

*Quelles sont tes satisfactions ?*

*Quels sont tes désirs ?*

# Une façon d'ÊTRE

## Retrouver une respiration naturelle et pratiquer le détachement

*La respiration est notre lien entre ce qui se passe à l'intérieur de notre corps et notre environnement extérieur. Bien que ce mécanisme soit la plupart du temps automatique (pense à tous les moments où tu ne penses pas à ta respiration), il peut aussi être volontaire. Nous avons donc la capacité de prendre le contrôle sur notre respiration et ainsi affecter certains mécanismes de notre corps au travers de celle-ci.*

Il existe de nombreux exercices de respiration nous permettant d'agir sur différents aspects : des exercices qui nous aident à ralentir le flux des pensées, à améliorer la digestion, à réduire le stress, à réveiller l'énergie, etc. Mais avant de rentrer dans des exercices spécifiques, commençons par revenir sur l'essentiel : la respiration naturelle !

**La respiration naturelle**

La respiration naturelle est une respiration basse et profonde. On la reconnaît facilement car lorsque l'on inspire, le ventre se gonfle légèrement, et lorsque l'on expire, le ventre se dégonfle naturellement, comme chez les bébés où cela est très flagrant. Avec cette respiration, il y a peu de mouvements dans le dos, et on sollicite la partie basse des poumons. Le fait de remplir le bas des poumons pousse la diaphragme vers le bas et c'est cela qui fait sortir le ventre. À l'inverse, lors de l'expiration, les poumons se vident, le diaphragme remonte et le ventre se contracte.

**Les bienfaits de la respiration naturelle :**

- **Pour la digestion :** les mouvements du ventre permettent de masser les organes internes et ainsi d'améliorer la digestion.
- **Pour protéger le dos :** en évitant les mouvements de dos liés aux mouvements de la cage thoracique, on évite les problèmes de dos éventuels. La respiration naturelle permet de garder une position neutre dans la colonne vertébrale.
- **Pour une meilleure gestion du stress et des émotions :** il y a quelque chose de très apaisant avec cette respiration. Peut-être que cela nous ramène à l'enfance, où peut-être que cela nous permet simplement de sortir de notre tête et de nous connecter à notre ventre qui est « notre second cerveau », voire notre premier cerveau selon les dernières études. Le fait de reconnecter à notre intuition, à notre être intérieur, restaure la sérénité. On prend immédiatement de la distance par rapport aux soucis mentaux.
- **Pour une meilleure élimination des toxines :** il y a trois grands organes responsables de l'élimination des toxines : les reins, la peau, et les poumons. À chaque expiration, nous rejetons des toxines. Plus notre respiration est profonde et plus on permet à cette élimination de se faire en profondeur.
- **Pour améliorer le sommeil.**
- **Pour un meilleur fonctionnement général :** la respiration naturelle permet un meilleur apport en oxygène à toutes les cellules de notre corps.

# Contrôler sa respiration, c'est contrôler l'impact de ses pensées.

## EXERCICE À FAIRE 5 MIN PAR JOUR

*pour retrouver progressivement cette respiration naturelle*

**Allonge-toi sur le dos.**

Tu peux, si tu veux, poser tes jambes sur une chaise ou sur le rebord de ton lit pour être confortable, ou simplement plier les genoux et poser les pieds au sol.

Place ta main droite sur le bas du ventre, et ta main gauche sur le cœur. De cette façon, tu portes ton attention sur les mouvements du ventre et tu reprogrammes ton cerveau pour qu'il s'habitue de nouveau à cette respiration naturelle.

Observe ton ventre qui se gonfle à l'inspiration, et qui se dégonfle à l'expiration. Ne force pas la respiration, laisse-la être minimale.

### CONSEIL

*Je te propose de faire cet exercice le soir avant d'aller te coucher, car tu bénéficieras en plus de l'effet relaxant, et je t'invite à le combiner à un exercice pour s'entraîner au détachement : si tu as des pensées qui arrivent dans ta tête, imagine que tu les laisses simplement défiler devant toi. Comme si tu étais allongé(e) dans la nature, regardant les nuages passer dans le ciel. Laisse tes pensées traverser le ciel de ton esprit, sans attachement, sans jugement. Puis ramène l'attention autant que tu le peux sur les sensations liées à ta respiration.*

# Une façon de BOUGER

*J'écoute et j'observe,
sans jugement, sans attachement.*

*À travers des postures basiques, nous apprenons à observer notre corps, notre respiration, et nos pensées au fil de la séance. Tu peux rester entre 1 et 3 min dans chaque posture.*

1

## VIRASANA – POSTURE DU HÉROS (ASSIS SUR LES GENOUX)

*– 3 min –*

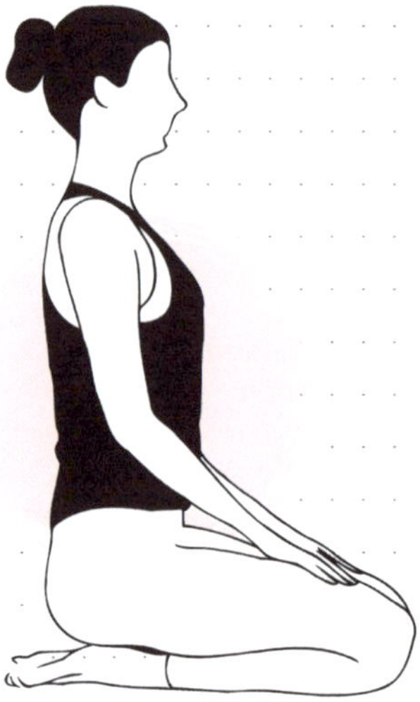

Installe-toi à genoux, assis(e) sur les talons.

Laisse reposer tes mains sur les genoux. Ferme les yeux. Prends quelques instants pour retrouver ta respiration naturelle et marquer le point de départ de ta séance.

Profites-en pour poser ton intention.

### FOCUS

*Étirement des quadriceps, mobilité articulaire du bassin, des genoux et des chevilles, intention et ancrage.*

2

## ADHO MUKHA SVANASANA – CHIEN TÊTE EN BAS

*– 3 min –*

**FOCUS**

*Étirement des ischio-jambiers, allongement de la colonne vertébrale, et comme toutes les inversions, oxygénation du cerveau.*

Pour trouver la bonne distance entre les mains et les pieds, démarre de la posture précédente et allonge les bras devant (dans la posture de l'enfant). Prends soin de vérifier que tes poignets sont écartés de la largeur des épaules. Puis à partir d'ici, sans bouger les mains ni les pieds : à l'inspiration monte sur les genoux, et à l'expiration place tes orteils au sol et lève progressivement les hanches vers le ciel. Tu peux garder les genoux pliés, surtout si l'arrière des jambes est un peu raide. Repousse le sol avec toute la paume de main, pousse les épaules en direction des genoux pour allonger la colonne vertébrale et essayer de faire une ligne droite des poignets jusqu'au sacrum. Pousse progressivement tes talons vers le sol pour continuer à étirer les ischio-jambiers. Prends de longues respirations.

3

## VIRABHADRASANA II – GUERRIER 2

*– 1 min –*

**FOCUS**

*Ouverture des hanches, détermination, volonté, courage, renforcement des bases et ancrage à la terre.*

Depuis la position précédente, ramène le pied droit entre les mains, puis redresse le haut du corps, ouvre les hanches et le buste vers la gauche et étends le bras droit devant et le bras gauche derrière. La jambe arrière est tendue, le genou avant est plié. Regarde loin devant le bras droit et projette tous tes projets et tes objectifs dans cette même direction. Vérifie que ton genou droit ne dépasse pas le pied droit. À chaque expiration, viens t'asseoir un peu plus et cultive volonté, détermination et force intérieure.

4

## TRIKONASANA – VARIATION DU TRIANGLE AVEC LE BRAS ÉTENDU

*– 1 min –*

Tends la jambe droite, ajuste les pieds si besoin de façon à avoir les chevilles à peu près en dessous des poignets (les bras sont encore écartés et parallèles au sol). Passe le bras gauche derrière le dos, lève le bras droit au-dessus de la tête. Prends une grande inspiration en te grandissant, à l'expiration penche sur le côté droit. Le bras droit reste dans le prolongement du flanc droit, la paume de main tournée vers le ciel, comme si tu pouvais supporter le haut du corps avec ton bras. Garde le bas du ventre engagé pour protéger le bas du dos.

**FOCUS**

*Renforcement des obliques, étirement ischio-jambiers et adducteurs, ouverture des hanches.*

**Conseil**

Si cette version est trop intense, pose la main droite sur la jambe droite et relâche la tête pour profiter d'un étirement du cou.

5

## PRASARITA PADOTTANASANA

*– 3 min –*

**FOCUS**

*Étirement de l'arrière des jambes, rafraîchissement et ralentissement de l'organisme, équilibre, harmonie.*

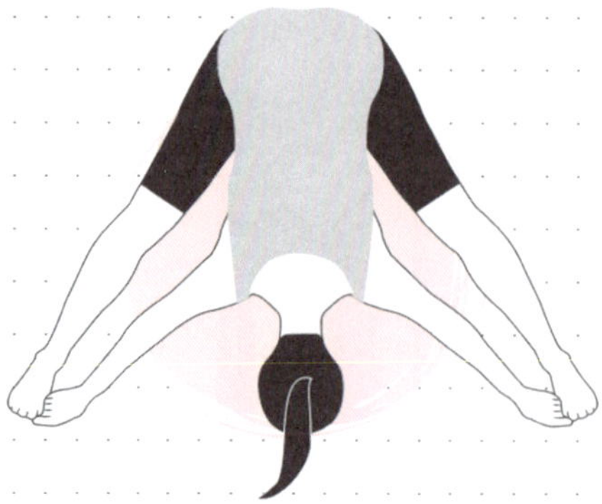

Pivote en direction du côté gauche de ton tapis. Pieds écartés et parallèles, les orteils légèrement vers l'intérieur, les mains sur les hanches. Prends une longue inspiration en te grandissant, à l'expiration penche en avant en essayant d'allonger le dos le plus possible. Puis relâche les mains au sol si cela est accessible. Plus tu écartes les pieds, plus ce sera facile de poser les mains au sol. À l'inverse, si le haut du crâne touche facilement le sol, rapproche tes pieds l'un vers l'autre. Prends de longues respirations, et relâche la tête et les épaules.

6

Reviens en chien tête en bas puis refais les exercices 3 à 5 avec le côté gauche.

7

## VRKSASANA - L'ARBRE

Depuis la position debout, bascule le poids du corps sur la jambe droite. Plie le genou gauche et pivote-le vers l'extérieur. Pose la plante du pied gauche là où tu es à l'aise le long de la jambe droite, en évitant d'être pile au niveau du genou. Ramène les paumes de mains ensemble devant la poitrine ou au-dessus de la tête. Fixe un point droit devant et ralentis ta respiration. Si tu veux un plus grand défi, ferme les yeux et observe ce qu'il se passe ! (PS : en maintenant une image fixe dans ta tête cela aide à garder l'équilibre.) Fais la même chose à gauche.

**FOCUS**

*Renforcement de la voûte plantaire, des mollets et des cuisses, concentration, contemplation, équilibre et retour au centre.*

# Une façon de MANGER

*Se nourrir en pleine conscience*
*Prends conscience des automatismes qui ne te sont pas bénéfiques, et en particulier ceux qui en plus de ne pas être bons pour toi, ne te procurent pas spécialement de plaisir. Ceux-là sont faciles à remplacer par des choses qui te font du bien.*

## MA BIG SALADE

*Je prends conscience de ce que je mets dans mon assiette.*

**INGRÉDIENTS :**

- **100 g de sarrasin décortiqué**
- **Huile d'olive**
- **Eau**
- **150 g de mélange de jeunes pousses**
- **1 tomate fraîche découpée**
- **1 avocat**
- **1 pomme**
- **½ grenade**
- **1 poignée d'amandes trempées**
- **1 grosse pincée de graines de courge**
- **1 grosse pincée de graines de tournesol**
- **1 cuillère à soupe de levure maltée**
- **2 cuillères à soupe d'huile d'argan**
- **Sel/poivre**

Faire revenir le sarrasin dans une poêle avec de l'huile d'olive, puis ajouter le double du volume de sarrasin en eau. Faire cuire 15-20 minutes. Puis laisser refroidir.
Dans un saladier, verser le sarrasin, ajouter les pousses, la tomate, l'avocat et la pomme découpés en gros morceaux, la grenade, les amandes et les graines. Saupoudrer de levure maltée. Assaisonner selon le goût avec l'huile d'argan, du sel et du poivre.

# Une façon de PENSER

## TRIER

*Cette semaine, il est temps de se débarrasser de ce qui va à l'encontre de notre évolution. Si l'on reprend l'histoire de la maison abandonnée, c'est le moment où l'on commence à faire le tri. Je t'invite à faire ce tri à tous les niveaux, tout au long de la semaine.*

Commence par ces choses qui, en y réfléchissant un peu, ne t'apportent pas spécialement de plaisir et ne te font pas de bien.

**Les informations** sont principalement tournées vers le négatif. Pour pouvoir aller mieux dans ta vie, il faut ramener l'attention sur tout ce qu'il y a de positif. Pour l'instant, il ne s'agit pas d'occulter ce qui se passe dans le monde, mais simplement de limiter l'apport d'informations négatives pour pouvoir accueillir plus de positif.

Nous passons clairement de plus en plus de temps sur **les réseaux sociaux**. Choisis de suivre des comptes qui t'inspirent, qui t'aident à avancer, qui éveillent ta créativité, qui te donnent envie de rêver et de devenir une meilleure personne.

**À la maison**, regarde dans ton armoire et dans tes placards. Pour chaque chose, pose-toi la question : est-ce que je l'utilise vraiment ? Est-ce que cela m'apporte un bienfait ?

En éliminant ce dont je n'ai plus besoin, je crée de l'espace pour attirer ce que je veux dans ma vie.

# À TOI de jouer

*Dans ta vie d'aujourd'hui, qu'est-ce qui te dérange ?*

*Depuis quand cela dure-t-il ?*

*Sur une échelle de 1 à 10, 10 étant le plus fort, à quel point cette situation/comportement/sentiment te dérange-t-il ?*

*Qu'est-ce qui t'empêche de changer ?*

*Est-ce une vraie raison ?*

*Qu'est-ce que cela te coûte de maintenir cette situation ou ce comportement ? Qu'est-ce que tu as à gagner en changeant ?*

*Qu'est-ce que tu es prêt(e) à faire pour changer ?*

*Quel sera l'indicateur que tu auras rempli ton objectif ?*

*Qu'est-ce que tu es prêt(e) à lâcher maintenant ?*

# Une façon d'ÊTRE

*Rituels détox au réveil*

**BOISSON DÉTOX**

**À jeun, boire un verre d'eau tiède, si tu le tolères, avec un peu de jus de citron bio et frais.**

• Faciliter l'élimination des toxines et la digestion • Participer au rétablissement de l'équilibre acido-basique du corps • Réduire l'acné • Apporter de nombreux minéraux et vitamines • Détoxifier le foie.

**JALA NETI**

**Préparer de l'eau tiède et diluer une cuillère à café de sel pour 1 l d'eau. Remplir une théière ou un pot à neti avec le mélange. Pencher la tête en avant au-dessus d'un lavabo en gardant la bouche ouverte pour respirer. Faire couler l'eau dans une narine : l'eau doit ressortir par l'autre narine. Faire pareil de l'autre côté. Sécher en soufflant délicatement par chaque narine.**

• Nettoyer le nez et les sinus • Bénéfique pour les personnes ayant des problèmes respiratoires.

**NETTOYAGE DE LA LANGUE**
**À l'aide d'un gratte-langue, partir du fond de la gorge, gratter jusqu'au bout de la langue, rincer, puis recommencer plusieurs fois. Rincer la bouche à l'eau.**
• Nettoyer les bactéries accumulées pendant la nuit • Entretenir la santé des dents, des sinus et de la gorge • Stimuler les enzymes digestives et entretenir la sensibilité des papilles gustatives.

☐ ☐ ☐ ☐ ☐ ☐ ☐

**KAPALBHATI, LA RESPIRATION DU FEU**
**Toujours à jeun, s'asseoir et veiller à ce que la colonne vertébrale soit droite. Placer les mains en chin mudra : place les pouces et les index ensemble et repose les mains sur les cuisses. Prendre une inspiration complète puis expirer d'un coup sec en rentrant le nombril vers la colonne vertébrale. Commencer par trois séries de 60 respirations. À la fin de chaque série, retenir un peu le souffle. Une fois les trois séries terminées, s'installer sur le dos et reprendre une respiration normale quelques minutes.**
Attention : cesser l'exercice dès les premiers signes de vertige et ne pas pratiquer cette respiration en cas de grossesse • Masser les organes internes • Favoriser l'élimination des toxines • Renforcer la sangle abdominale • Redonner de l'énergie • Vitalité et clarté d'esprit.

☐ ☐ ☐ ☐ ☐ ☐ ☐

# Une façon de BOUGER

*J'élimine ce dont je n'ai plus besoin.*

*Cette séquence se concentre particulièrement sur la zone abdominale, favorise la digestion et aide l'organisme à éliminer les toxines. Bois beaucoup d'eau après avoir terminé afin d'aider ton corps à se nettoyer.*

1

## SOLLICITATION DES ORGANES

*– 1 à 3 min –*

Fais un rouleau avec une couverture, ou prends un bloc si tu es plus téméraire. Allonge-toi sur le ventre avec le rouleau ou le bloc sous ton ventre de façon à éviter, si tu le peux, les côtes et l'os du bassin. Essaie de te relâcher au maximum, en laissant aller ton poids à chaque expiration. Reste quelques minutes en te concentrant sur de longues respirations, puis relâche.

### FOCUS

*Mobilisation et activation du système digestif, stimulation des organes internes.*

2

## MASSAGE DU VENTRE

*- 3 min -*

Allonge-toi sur le dos, avec les jambes croisées et les genoux ouverts vers l'extérieur. Avec ta main droite, fais-toi simplement un massage du ventre dans le sens des aiguilles d'une montre pour faciliter l'élimination. Pars du bas du ventre à droite et remonte vers le haut du ventre à droite pour suivre le côlon ascendant, puis passe à gauche pour suivre le côlon transverse, et descends sur le côté gauche pour suivre le côlon descendant. Continue pendant quelques minutes, et éventuellement change la jambe qui était devant l'autre si tu as les jambes croisées.

**FOCUS**

*Décongestion et élimination.*

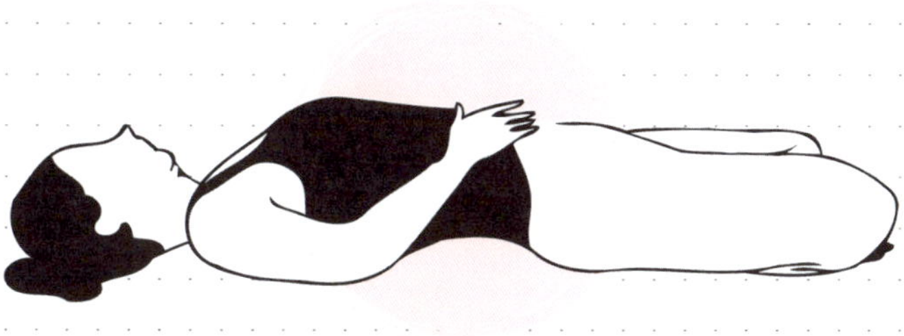

3

## KAPALBHATI EN APANASANA

*- 1 à 3 min -*

**FOCUS**

*Activation du feu de la digestion, renforcement de la sangle abdominale.*

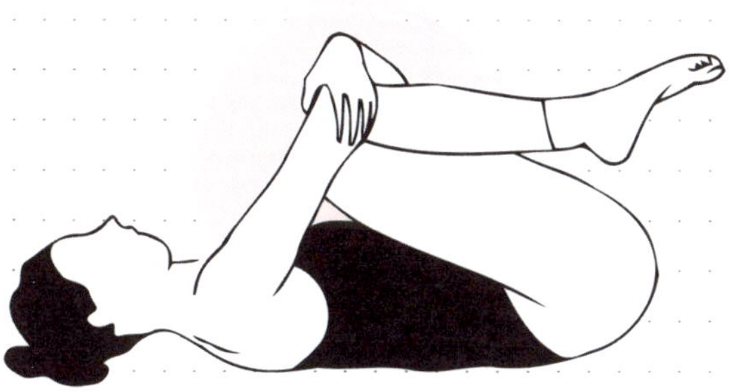

Toujours sur le dos, ramène les genoux ensemble contre la poitrine et si tu peux, viens attraper les coudes opposés en passant les bras par-dessus les jambes. Relâche les épaules et la tête au sol. En gardant cette position, fais une série de kapalbhati (contraction du ventre, voir p. 33) de 1 à 3 min selon ton endurance. Puis étends les jambes en savasana (posture de relaxation) pour laisser l'énergie circuler.

4

## SHALABHASANA

*– 1 min –*

Viens t'allonger sur le ventre. Front au sol. Bras le long du corps avec les paumes de mains vers le sol. Presse l'os du pubis légèrement contre le sol. Serre le bas du ventre (imagine que tu veux faire la taille fine). Sur une inspiration, redresse la tête, le haut du corps, et stabilise. Si tu es à l'aise, continue en levant les bras et en tirant les épaules vers l'arrière. Puis lève les jambes en les gardant tendues.

Dernière option, si tu veux aller plus loin, passe les bras devant toi, avec les paumes de mains face à face, et redresse le haut du corps, les bras et les jambes au maximum !

Quelques respirations, puis relâche.

**FOCUS**

*Massage de l'abdomen, renforcement des muscles du dos, élan et envol.*

5

## DHANURASANA, L'ARC

*– 1 min –*

**FOCUS**

*Massage de l'abdomen, ouverture de la cage thoracique et des épaules, amélioration du transit, stimulation de l'énergie vitale.*

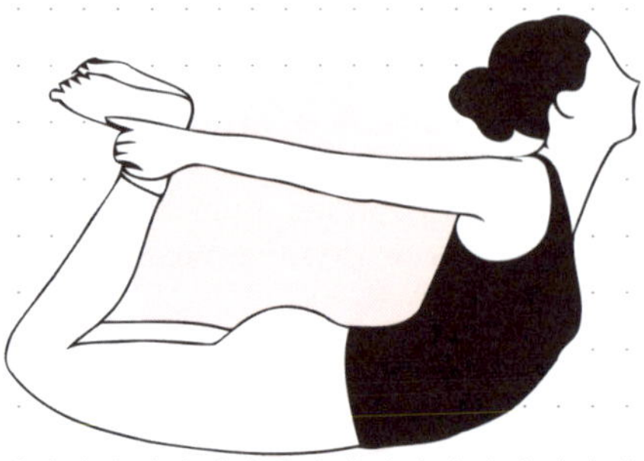

Toujours à plat ventre, plie les genoux et attrape tes chevilles par l'extérieur. Ramène tes pieds et tes genoux les plus proches possibles, afin d'éviter de compresser les lombaires et de se concentrer sur l'ouverture du haut du corps. Sur une inspiration, redresse la tête et le haut du corps, et utilise tes pieds pour tirer les épaules vers l'arrière. Reste quelques respirations, puis relâche.

6

## PARIVRTTA ANJANEYASANA

*– 1 min –*

Mets-toi en fente avec le pied droit devant et le genou arrière au sol. Engage les muscles des cuisses en imaginant que tu veux ramener les genoux l'un vers l'autre. Inspire et allonge les bras au-dessus de la tête, expire, ramène les mains devant la poitrine puis tourne à droite.

Reste ici pendant quelques respirations, puis enchaîne directement avec la posture suivante sur le côté droit.

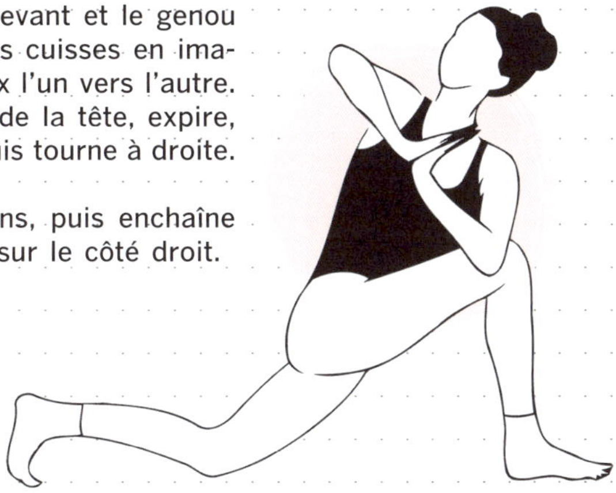

### FOCUS

*Torsion au niveau des vertèbres thoraciques, étirement des quadriceps et psoas de la jambe arrière, courage et force intérieure.*

7

## KAPALBHATI EN PASCHIMOTTANASANA

*– 1 min, puis 3 min –*

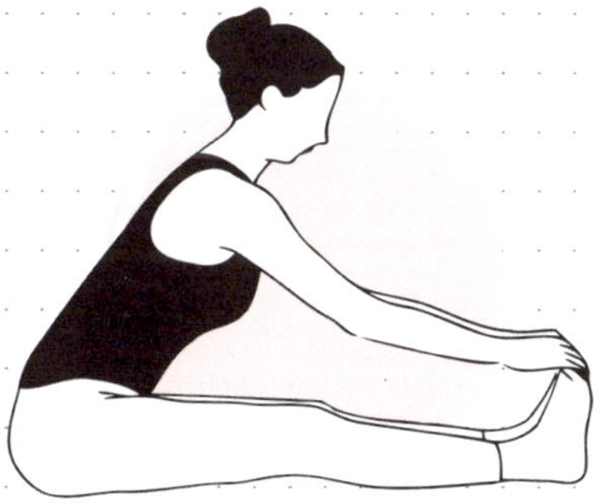

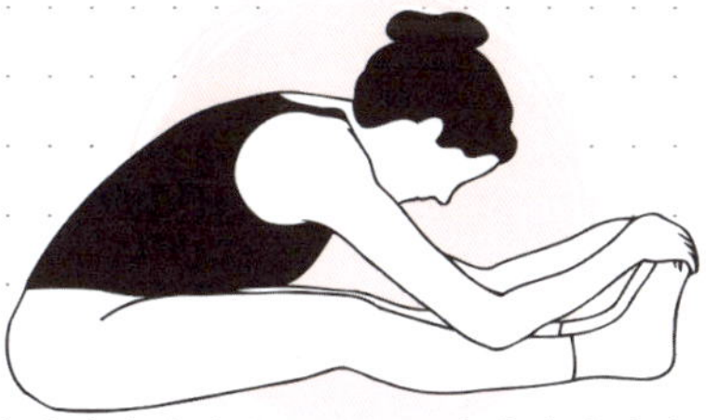

Depuis la position assise, étends les jambes devant toi. Redresse le dos au maximum. Pour cet exercice tu peux prendre une sangle, ou une écharpe, que tu passes derrière tes pieds et dont tu tiens un bout avec chaque main. Cela te permet de tirer vers l'avant tout en gardant le dos droit, sans avoir à toucher tes pieds avec les mains. Garde un dos droit, allonge la nuque, et fais une série de kapalbhati pendant 1 min (voir explications p. 33). À la fin de ta série, prends une longue inspiration, retiens le souffle en haut pour quelques secondes, puis relâche et laisse-toi glisser dans la posture paschimottanasana pour environ 3 min.

### FOCUS

*Massage de l'abdomen et des reins, étirement des ischio-jambiers.*

# Une façon de MANGER

Pour retrouver des habitudes alimentaires saines, voici la liste conventionnelle des produits que l'on doit éviter :
- les sodas, boissons sucrées, alcools ;
- les plats préparés, et de manière générale tout ce qui transformé ;
- le sucre blanc.

Ce que l'on essaie de privilégier :
- les fruits et légumes issus de l'agriculture biologique ;
- les produits frais et de qualité ;
- les produits étant les plus proches possible de leur forme originelle (les moins transformés possibles) ;
- les produits locaux et de saison.

Commence par les choses qui sont les plus faciles à retirer de ton alimentation : par exemple, ces choses qui ne t'apportent même pas de plaisir et qui en plus ne sont pas bonnes pour la santé. Je suis d'avis de dire que cela ne sert à rien d'éliminer quelque chose par la force et surtout si cela crée de la frustration. Car au final, la frustration peut s'avérer encore plus néfaste que l'aliment en lui-même. Donc prends ton temps, et continue tous les autres exercices du livre qui t'aideront à faire ces changements naturellement.

Pour faciliter la transition vers une alimentation plus saine, voilà ce que je propose : chaque semaine, identifie une habitude qui n'est pas favorable pour toi ou que tu as envie de changer (en commençant par la plus simple), et remplace-la par une habitude saine qui te procure du plaisir. À toi de te donner envie d'être *healthy* !

**Les alliés détox**

Voici quelques-uns de mes alliés détox :
- les eaux détox : elles sont à la mode en ce moment. C'est facile, c'est beau, c'est efficace. Tu as juste à couper quelques fruits frais et les laisser infuser dans une grande carafe d'eau. Et voilà !
- les aliments détox : citron, persil, tous les choux, brocoli, épinards, légumes verts...
- la cure de jus : j'aime faire une cure de jus entre un et trois jours de temps en temps. Je trouve ça idéal pour me sentir nettoyée et légère, et repartir sur une bonne base. Cela permet également de mettre au repos notre système digestif qui est constamment au travail. J'en ressors avec une nouvelle énergie et lorsque je fais une cure de trois jours de jus vert, je ressens une très nette amélioration au niveau de ma souplesse.

Si tu n'as pas d'extracteur de jus ou si tu n'as pas le temps de préparer des jus, tu peux t'orienter vers un fournisseur qui propose des cures de jus sur un jour, trois jours, voire même cinq jours. Choisis des cures bio, plutôt avec des jus verts dont la proportion de légumes est plus importante que celle des fruits.

# MON JUS VERT PRÉFÉRÉ

**INGRÉDIENTS :**

- **100 g d'épinards**
- **3 feuilles de chou kalé**
- **¼ de botte de persil**
- **1 ou 2 concombre(s)**
- **1 poire**
- **un peu de citron vert**

Tout mettre dans l'extracteur sauf le citron qu'on ajoute à la fin.
Tu peux allonger avec de l'eau si tu veux.

# Une façon de PENSER

*« Garder du ressentiment envers quelqu'un, c'est comme ingérer un peu de poison tous les jours en espérant que l'autre personne meure... »*

On a souvent tendance à se dire : « Hors de question que je pardonne un acte qui est impardonnable. » Mais je crois que nous avons une vision erronée du pardon. J'ai l'impression que beaucoup d'entre nous imaginent que pardonner signifie « valider » l'acte ou le comportement en question. Cela nous donne un sentiment de faiblesse ; alors que pardonner ne veut en aucun cas dire que ce qui s'est passé est normal, c'est au contraire reprendre sa liberté et ne plus se positionner en victime qui a subi une situation. Pardonner, c'est donc se montrer plus fort que la situation. Prends conscience qu'à chaque fois que tu as une pensée de colère, de rancœur, de violence, envers quelqu'un ou envers une situation, la première personne à qui tu fais du mal, c'est toi-même.

Voyons la situation autrement :
Est-ce que la personne/situation mérite que tu te mettes dans des états pareils ? Rappelle-toi que tu pardonnes pour TOI, et non pas pour l'autre. Tu pardonnes pour retrouver TA liberté. Tu pardonnes par RESPECT pour toi-même. Il y a une puissance et une force infinie qui émanent de cet acte de pardon. Tu reprends le contrôle sur ton bonheur, et tu déclares que rien ni personne ne pourra l'affecter, car c'est toi qui choisis.

Par ailleurs, c'est seulement après avoir pardonné les auteurs des événements les plus durs de ta vie que tu pourras réellement avancer. Car peu importe la qualité des graines que l'on plante, si la terre n'est pas fertile, rien ne poussera.

Ce n'est pas un exercice facile, mais c'est peut-être celui qui aura le plus d'impact positif dans ta vie.
Alors, demande-toi sincèrement :
Y a-t-il quelque chose ou quelqu'un que tu n'as pas complètement pardonné ? Si tu ressens une contraction, un mal-être, ou d'autres sensations désagréables rien que de penser à cette personne/situation, c'est que tu as un peu de travail à faire. Je partage plus loin une méditation qui pourra t'aider dans cette étape.
Si tu peux penser à cette personne/situation et émettre une RÉELLE vibration d'amour (je parle ici d'amour inconditionnel, rien à voir avec un amour sexué) et te sentir en paix, détaché(e), et libéré(e), alors bravo ! Tu es prêt(e) à passer à autre chose.

**Je pardonne pour me libérer.**

# À TOI de jouer

*Parfois, le fait d'extérioriser ce que tu as sur le cœur peut t'aider à faire un pas en avant vers la libération. Si tu ressens de la colère, de la rancœur ou du ressentiment envers quelqu'un, je t'invite à lui écrire une lettre. Tu la lui enverras peut-être, ou peut-être pas ; mais au moins tu auras extériorisé et libéré une partie de toi-même.*

# Une façon d'ÊTRE

## *Ho'oponopono une sagesse venue d'Hawaii*

*L'idée est d'abord de reconnaître que chaque événement que l'on vit laisse une empreinte sur notre mémoire. Cette empreinte est parfois positive, et parfois négative. Avec la pratique que je vais décrire ci-dessous, nous nous libérons de ces empreintes négatives pour pouvoir continuer à vivre pleinement.*

Car voici la formule Ho'oponopono, en quatre mots :
« Désolé, pardon, merci, je t'aime. »

• **Désolé :** car je reconnais que j'ai une part de responsabilité par rapport à ce sentiment que j'éprouve.

• **Pardon :** car je ne savais pas que j'avais ça à l'intérieur de moi.

• **Merci :** merci de me nettoyer de cette empreinte.

• **Je t'aime :** toi, mon être intérieur, cette intelligence subtile qui me permet de me libérer.

Cette formule, nous pouvons l'utiliser dès que nous ressentons quelque chose de négatif ou de désagréable : que ce soit un sentiment par rapport à soi-même, ou de la culpabilité, ou que ce soit par rapport à quelqu'un d'autre, ou même par rapport à une situation qui nous dérange, etc. Selon là où tu es, tu peux dire les mots à voix haute, à voix basse, ou dans ta tête. Ce qui compte c'est surtout l'intention.

# « Désolé, pardon, merci, je t'aime. »

**EN PRATIQUE :**
*J'utilise un mouvement de doigts à chaque mot pour impliquer plusieurs canaux sensoriels dans la pratique.*

Pouce sur l'index :
**désolé**

Pouce sur le majeur :
**pardon**

Pouce sur l'annulaire :
**merci**

Pouce sur l'auriculaire :
**je t'aime**

Fais-le avec les deux mains en même temps.
Répète l'opération jusqu'à ce que tu te sentes mieux.

# Une façon de BOUGER

## *Je lâche prise*

### *Qu'est-ce que le yin yoga ?*

Il n'y a pas d'engagement musculaire dans cette pratique car notre objectif est d'aller au-delà de la fibre musculaire pour atteindre les tissus conjonctifs. L'idée est de s'installer progressivement dans la posture en utilisant chaque expiration pour aller plus loin dans l'étirement. Prévois tout ce dont tu as besoin pour ajuster ta position : couvertures, coussins, blocs pour supporter les genoux, etc., car on cherche à supporter les parties du corps qui ne sont pas ciblées par l'étirement pour pouvoir relâcher au maximum les parties qui sont en train d'être étirées.

### *Quels sont les bénéfices du yin yoga ?*

Souplesse • Lâcher-prise • Relaxation • Régénération • Mobilité.

Pour t'accompagner dans ce voyage intérieur, je t'invite à choisir un mantra qui pourra te suivre tout au long de ta séance. Par exemple, je te propose de répéter le mot « lâche ! » à chaque expiration, où à chaque fois que tu en auras besoin.

1

## BALASANA - LA POSTURE DE L'ENFANT

*– 3 min –*

Assieds-toi sur les genoux, les orteils se touchent, les genoux peuvent être serrés ou ouverts, selon ta préférence. Allonge les bras devant et pose le front au sol si tu peux. (Tu peux aussi poser le front sur un bloc ou un coussin.) Reporte ton attention sur tes respirations naturelles. Reste là quelques minutes afin d'étirer le dos en douceur et de ralentir le rythme.

**FOCUS**

*Ralentissement du rythme, apaisement, allongement de la colonne vertébrale.*

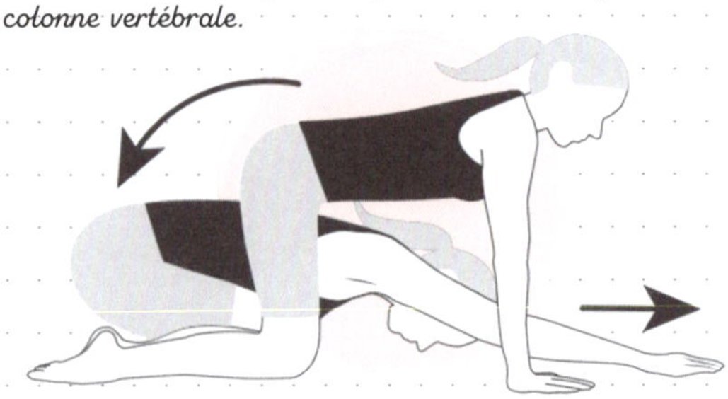

2

## SUPTA VIRASANA

*– 3 à 5 min –*

Depuis la position précédente, redresse le haut du corps et ouvre les genoux et les chevilles à peu près à la largeur des hanches. Si tu es à l'aise avec les genoux et les chevilles, assieds-toi entre les chevilles (cela nécessite une rotation interne des hanches assez importante). Si c'est trop intense, tu peux mettre un bloc sous les fessiers. Puis à partir d'ici descends progressivement le dos vers le sol, jusqu'à ce que tu sentes l'étirement dans les quadriceps. Tu resteras peut-être en appui sur les mains, ou sur les avant-bras, ou tu descendras carrément au sol. Quel que soit le niveau où tu es, respire calmement et laisse faire l'étirement. Détends-toi au maximum pour que les muscles puissent s'étirer. (Ne descends pas complètement au sol si tu es assis(e) sur un bloc.)

**FOCUS**

*Étirement des quadriceps et psoas.*

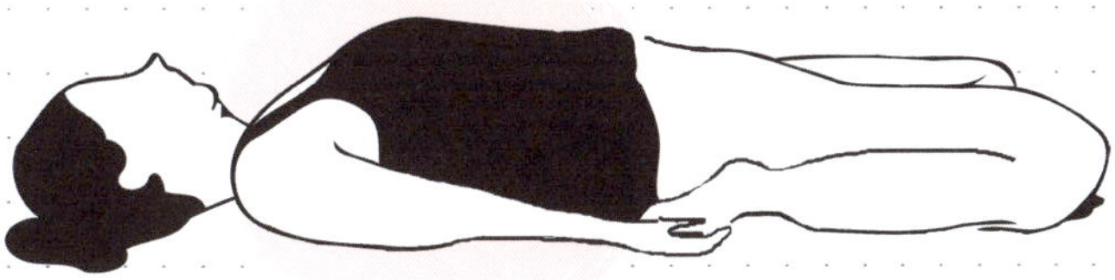

3

## KAPOTASANA - LE PIGEON

*– 3 à 5 min de chaque côté –*

Place ton genou droit vers l'avant du tapis et à l'extérieur de la hanche droite. Aligne le bassin, si tu peux, face à l'avant du tapis, quitte à surélever les hanches et mettre un bloc ou un coussin sous la fesse droite. Plus le pied droit est éloigné de ton bassin, plus l'étirement sera intense. Ramène le pied près de toi pour un étirement plus léger.

Même chose de l'autre côté.

**FOCUS**

*Étirement des muscles fessiers et rotateurs externes des hanches, patience.*

4

## HALF GOMUKHASANA

*- 3 à 5 min de chaque côté -*

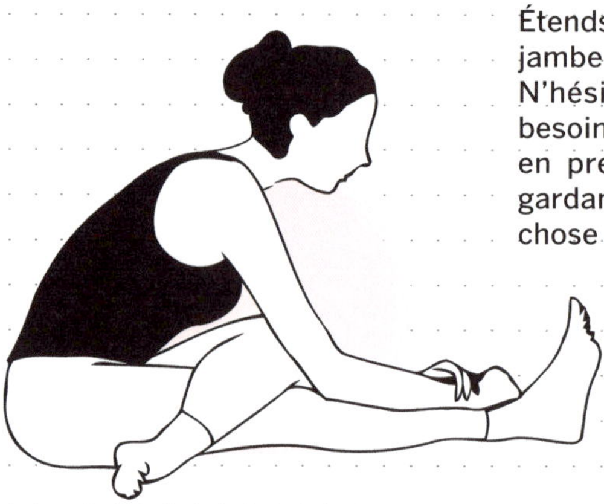

Étends la jambe droite devant, et passe la jambe gauche par-dessus la jambe droite. N'hésite pas à caler le genou gauche si besoin. Penche-toi délicatement en avant, en prenant de longues respirations et en gardant au maximum le dos allongé. Même chose de l'autre côté.

**FOCUS**

*Étirement des ischio-jambiers et des mollets, lâcher-prise et acceptation.*

5

## PASCHIMOTTANASANA

*- 3 à 5 min -*

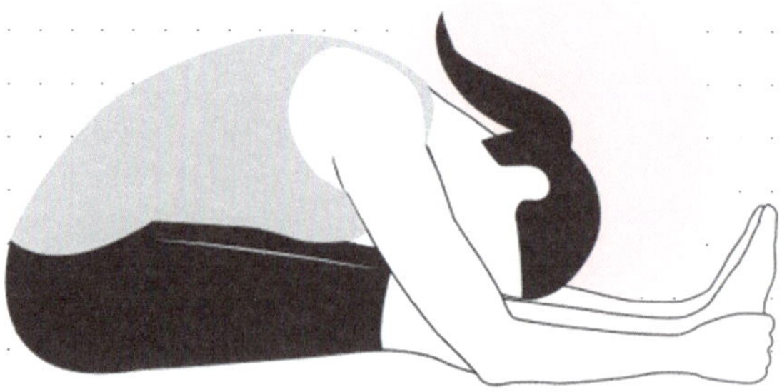

Assieds-toi avec les deux jambes tendues devant toi. Allonge le dos à l'inspiration, et penche-toi en avant à l'expiration. Reste là pour plusieurs respirations. Si la souplesse n'est pas ton point fort, plie les deux genoux et attrape les coudes opposés en passant les bras sous les genoux. Laisse glisser les talons en avant jusqu'à sentir l'étirement dans l'arrière des jambes. Reste là pour plusieurs respirations.

**FOCUS**

*Étirement des ischio-jambiers et du bas du dos.*

6

# SUPTA BADDHA KONASANA
# POSTURE RESTAURATIVE

*- 5 à 10 min -*

Munis-toi d'un traversin (si tu n'en as pas, tu peux rouler ton tapis de yoga et le mettre dans la longueur le long de ta colonne vertébrale).

Allonge-toi sur le dos, le traversin le long de la colonne vertébrale (en gardant un espace entre le traversin et le bas du dos). Tu peux étendre tes jambes devant ou ramener les plantes de pieds ensemble. Relâche les épaules, la tête, la mâchoire, et profite de quelques minutes de relaxation.

**FOCUS**

*Ouverture délicate de la cage thoracique, relaxation, gratitude.*

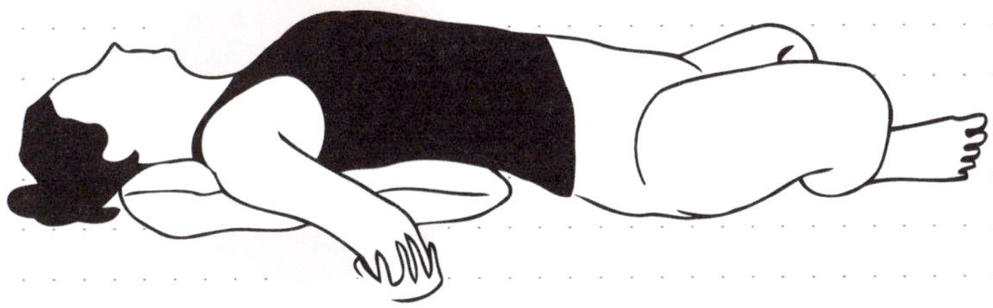

# Une façon de MANGER

*Pardonner nous aide également à mieux digérer !*

***En plus du pardon, voici quelques astuces pour améliorer la digestion :***

Boire de l'eau tiède le matin à jeun.

•

Masser le ventre dans le sens des aiguilles d'une montre (en suivant le côlon).

•

Faire tremper les légumineuses (riz, lentilles...), noix, noisettes, amandes, baies de goji, etc.

•

Consommer des aliments ou boissons fermentés : mes préférés sont le kombucha, le miso, le yogurt de noix de coco et le tofu lacto-fermenté.

•

Éviter de manger tard le soir pour permettre au corps de faire son travail de détox pendant la nuit.

•

Éviter les fruits frais après les repas.

•

Mâcher !!!! L E N T E M E N T : plus tu mâches, plus tu économises du boulot pour ton corps.

# CHICK PEAS PARTY

**INGRÉDIENTS :**

- **½ botte d'asperges**
- **Huile d'olive**
- **Eau**
- **Vinaigre balsamique**
- **200 g de pois chiches**
- **1 tomate**
- **Quelques brins de persil et de coriandre**

Saisir les asperges dans un fond d'huile d'olive. Ajouter un filet d'eau pour qu'elles s'attendrissent. Quand l'eau s'est évaporée, verser 1 à 2 cuillères à soupe de vinaigre balsamique. Attendre jusqu'à caramélisation. Mettre de côté.

Dans la même poêle verser les pois chiches, et ajouter la tomate fraîche préalablement découpée en quartiers. Rajouter un peu d'huile d'olive et de vinaigre balsamique si nécessaire. Attendre jusqu'à ce que les pois chiches soient dorés.

Servir les asperges et les pois chiches dans une assiette et parsemer de persil et de coriandre.

Assaisonner selon le goût.

# Une façon de PENSER

**« LA JOIE EST DANS LE DON. »**
**BOB PROCTOR**

*L'énergie aime circuler ; aussi dans la vie, tu ne peux pas demander quelque chose si tu n'as pas la place pour la recevoir. L'idée est donc de donner : donner pour libérer de l'espace et activer la loi de la circulation d'énergie. Cela concerne tous les niveaux de notre vie.*

Il y a tellement de joie dans le fait de donner ; car lorsque tu le fais avec le cœur, cela te remplit en même temps. Pour certaines personnes, il est même nettement plus facile de donner que de recevoir, et pour d'autres c'est l'inverse. Mais comme tout, c'est une question d'équilibre, car les deux sont essentiels. Si tu donnes en refusant de recevoir, tu finiras par épuiser tes ressources et tu n'auras plus rien à donner. À l'inverse, si tu coupes le flux d'énergie et que tu reçois sans donner, tu finiras par ne plus rien recevoir.

**Plus je donne de manière inconditionnelle et plus je reçois.**

# À TOI de jouer

*Cette semaine, je t'invite donc à observer cet équilibre subtil entre donner et recevoir en te posant ces questions :*

*– As-tu tendance à plus donner que recevoir ? Ou l'inverse ? Que peux-tu mettre en place pour équilibrer ?*

*– Y a-t-il un domaine de ta vie où tu ressens un manque ? Si oui, que peux-tu faire pour donner et t'apporter ce dont tu manques ? (Sans le chercher à l'extérieur.)*

*– Dans quelles situations as-tu l'impression que tu donnes de ta personne et que cela puise dans tes réserves d'énergie ? (Évite ces situations.)*

*– Dans quelles situations, ou dans quels domaines, as-tu la sensation que tu donnes à cœur ouvert et que cela te remplit de bonheur ? (Favorise ces situations.)*

# Une façon d'ÊTRE

## Scan corporel et nettoyage énergétique

*L'idéal est de faire cette pratique de scan corporel juste après la séance de yoga qui suit dans une façon de bouger p. 54.*

Après tous ces mouvements qui activent la circulation, tu peux t'allonger sur le dos. Les paumes de mains sont tournées vers le ciel, les bras et les jambes relâchés, les yeux fermés. Le menton légèrement rentré vers l'intérieur pour allonger la nuque. Les épaules sont loin des oreilles, le bassin est bien posé au sol de telle sorte que le sacrum soit loin du reste du dos pour décambrer au niveau des lombaires. Laisse ta respiration redevenir naturelle et relâche tout ton corps à chaque expiration un peu plus, comme si tu le laissais fondre sur le sol.

Imagine un tamis que tu vas passer sur tout ton corps pour le nettoyer des énergies négatives. Commence par faire passer ce tamis sur le haut du crâne, puis descends le long de la tête, la nuque, les épaules, les bras, les poignets, les mains, la poitrine, le cœur, les poumons, le ventre, les organes internes, le système digestif, les organes reproductifs, le bassin, les cuisses, les genoux, les mollets, les jambes, les chevilles, les pieds, les orteils… et laisse tout ce que tu as nettoyé quitter ton corps. Essaie de ressentir cette action de nettoyage sur chaque zone que tu traverses.

Puis après avoir nettoyé ton corps, ainsi que ton « aura » (l'enveloppe énergétique extérieure), remplis-toi de lumière : imagine un faisceau lumineux qui entre par le haut du crâne et remplit ton corps d'une énergie de guérison qui permet à tes cellules de se régénérer et à ton corps de retrouver sa vitalité.

# Mon suivi yoga

- ☐
- ☐
- ☐
- ☐
- ☐
- ☐
- ☐

# Une façon de BOUGER

*J'apporte fluidité et aisance dans mes mouvements, je fais circuler l'énergie, je donne pour recevoir.*

*De manière générale, nous avons souvent de l'énergie stagnante dans les hanches. Le « bassin », c'est symboliquement là où reposent les pierres lourdes, les émotions enfouies. C'est pour cela que les pratiques d'ouverture de hanche réveillent souvent les émotions enfouies. Grâce à des mouvements fluides, répétitifs, et des ouvertures de hanche, cette séquence permet de libérer l'énergie stagnante et d'activer la circulation.*

1

## SUKHASANA - POSITION ASSISE & CERCLES AVEC LE HAUT DU CORPS

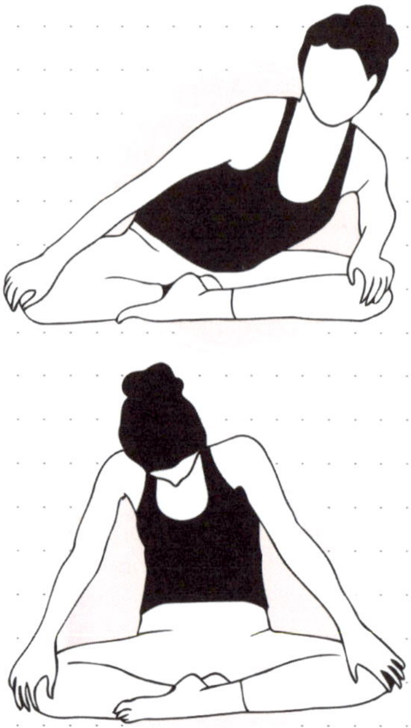

Commençons en position assise pour marquer le point de départ de la séance. Ferme les yeux et prends le temps de poser ton intention. Puis lorsque tu es prêt(e), fais quelques cercles avec le haut du corps : à l'inspiration ouvre la cage thoracique vers l'avant, les épaules en arrière pour ouvrir le cœur, et à l'expiration essaie de sentir les ischions qui roulent sur le sol lorsque tu arrondis le dos et vas vers l'arrière. Continue ce mouvement circulaire du haut du corps autour du bassin, pour commencer à échauffer les hanches et faire circuler l'énergie. Fais quelques cercles dans un sens, puis change de sens.

**FOCUS**

*Fluidité dans les hanches, circulation de l'énergie.*

2

## FAIRE CIRCULER L'ÉNERGIE DANS LES HANCHES

Place-toi en malasana : les pieds sont écartés un peu plus que la largeur des hanches, les orteils vers l'extérieur selon ton ouverture de hanche (le pied est aligné avec le genou qui suit l'ouverture de hanche). Place les bouts de doigts au sol devant toi. À l'inspiration lève les hanches par une extension des jambes et relâche la tête en avant, à l'expiration viens t'asseoir de nouveau en squat. La respiration est tonique, comme dans la respiration du feu, et le mouvement aussi. Répète le mouvement 26 fois. Prends quelques respirations en malasana à la fin pour récupérer, puis passe en chien tête en bas.

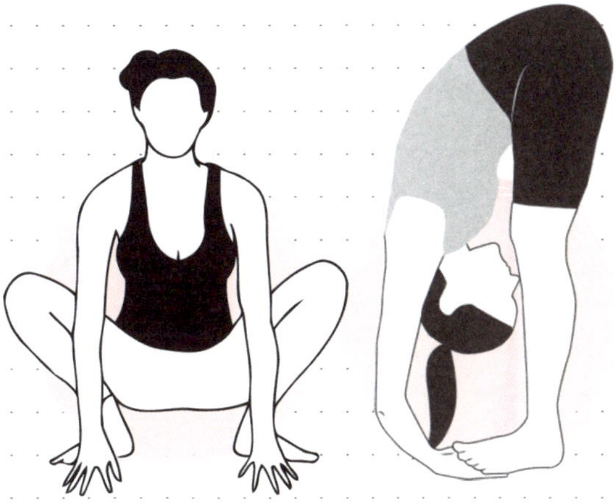

**FOCUS**

*Libération de l'énergie stagnante, échauffement des hanches, renforcement des cuisses.*

3

## TRANSITION PARSVAKONASANA/SKANDASANA

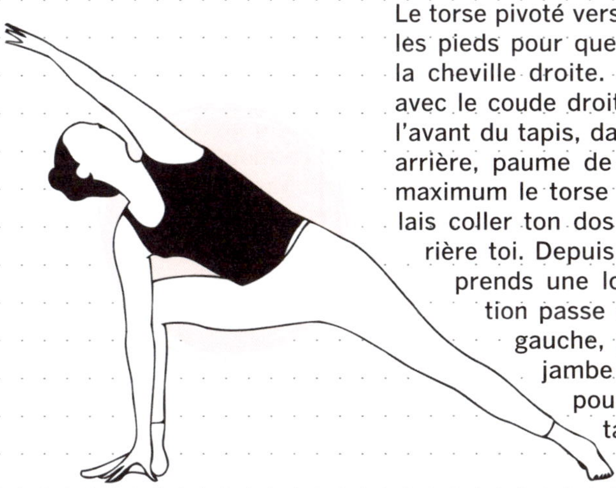

Depuis le chien tête en bas, ramène le pied droit entre les mains et viens te positionner en parsvakonasana. Jambe droite pliée, jambe gauche tendue. Le torse pivoté vers la gauche. Écarte suffisamment les pieds pour que le genou droit ne dépasse pas la cheville droite. Appuie-toi sur la cuisse droite avec le coude droit, et étends le bras gauche vers l'avant du tapis, dans le prolongement de la jambe arrière, paume de la main vers le sol. Pivote au maximum le torse vers l'arrière comme si tu voulais coller ton dos contre un mur imaginaire derrière toi. Depuis cette posture, parsvakonasana, prends une longue inspiration, et à l'expiration passe en skandasana : relâche le bras gauche, passe le poids du corps sur la jambe arrière et plie le genou gauche pour venir t'asseoir vers l'arrière du tapis, en faisant pivoter le pied sur son axe. Le pied gauche s'ouvre vers l'extérieur en suivant l'ouverture de la hanche gauche. Laisse les orteils du pied droit se décoller pour avoir uniquement le talon droit au sol, que tu peux presser légèrement vers le bas pour stabiliser la posture. Inspire, parsvakonasana, expire, skandasana. Répète au moins 3 fois, puis fais la même chose avec le côté gauche avant de revenir en chien tête en bas.

**FOCUS**

*Échauffement des hanches, synchronisation du mouvement avec la respiration.*

4

## UTKATA KONASANA
## POSITION DE LA DÉESSE ET TORSIONS

Depuis le chien tête en bas, saute pour amener tes pieds de part et d'autre du tapis et venir te mettre dans la position de la déesse. Une sorte de squat jambes très largement écartées en flexion. Les pieds sont ouverts vers l'extérieur, le buste droit. Comme dans toutes ces postures d'ouverture de hanche, vérifie que tes pieds et genoux pointent dans la même direction pour protéger tes genoux. Vérifie également que tes chevilles sont en dessous de tes genoux. À partir d'ici tu peux balancer le poids du corps d'un côté puis de l'autre, pour apporter plus de fluidité dans les hanches et ensuite placer tes mains juste au-dessus de tes genoux. Pivote le haut du corps à droite, baisse l'épaule gauche et repousse la cuisse gauche. Reste quelques respirations dans cette torsion, puis inverse. Passe de droite à gauche plusieurs fois, puis reviens en chien tête en bas.

**FOCUS**

*Renforcement de l'ancrage au sol, ouverture des hanches, torsion.*

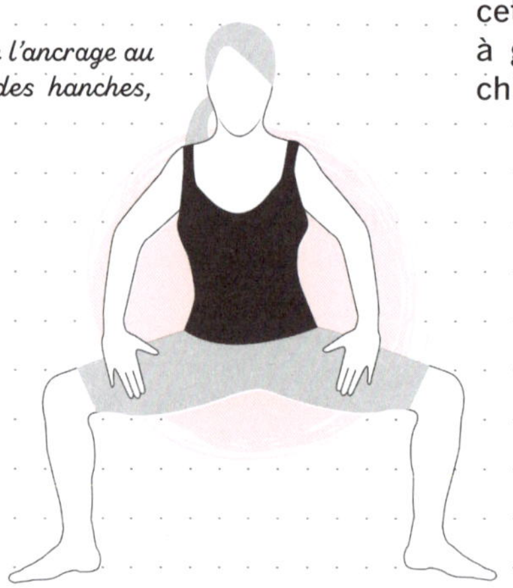

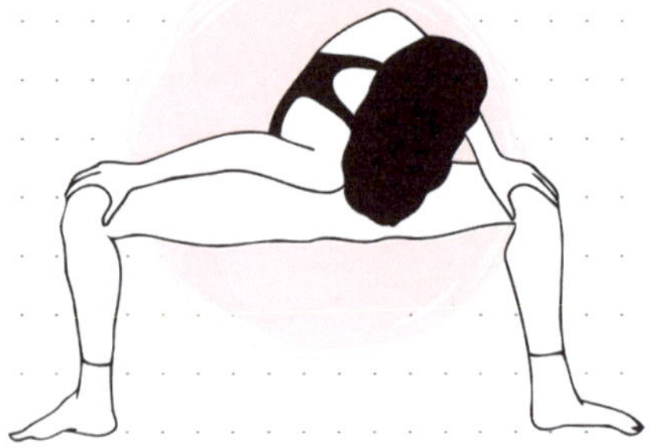

5

## CERCLES DE GENOUX

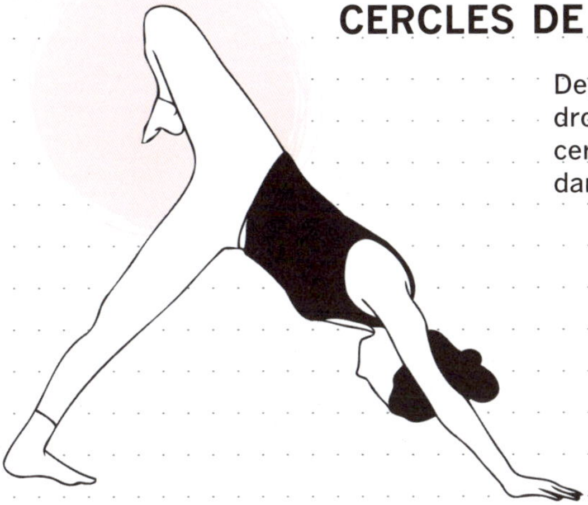

Depuis le chien tête en bas, lève la jambe droite que tu fléchis, et dessine des grands cercles avec tes genoux. Dans un sens puis dans l'autre. Même chose de l'autre côté.

**FOCUS**

*Lubrification de l'articulation de la hanche.*

6

## ANANDA BALASANA

Allonge-toi sur le dos. Ramène les genoux contre la poitrine, une main sur chaque genou et fais des cercles avec tes genoux. Puis ouvre les genoux vers l'extérieur et attrape le dessous de tes pieds avec les mains, coudes vers l'intérieur des genoux, et tire les genoux vers le sol pour la posture du bébé heureux. Finis ta séance avec une relaxation.

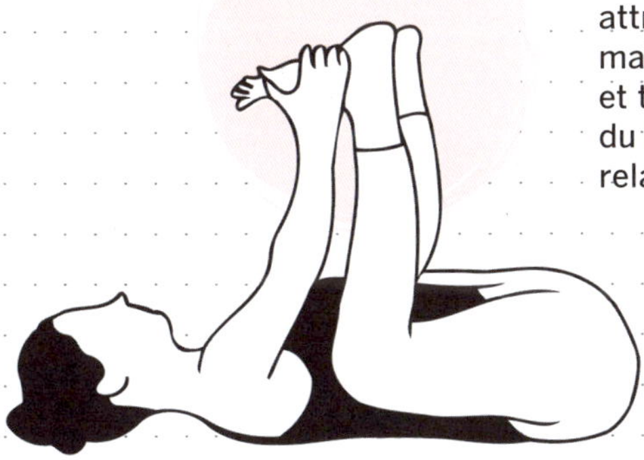

**FOCUS**

*Allongement de la colonne vertébrale, étirement du bas du dos et des hanches, ralentissement du rythme.*

# SOUPE DE COURGETTES À LA SPIRULINE

**INGRÉDIENTS :**

**- 2 courgettes**
**- 1 grosse poignée de noix de cajou**
**- 1 cuillère à soupe de spiruline en poudre**
**- Yaourt à la noix de coco non sucré**
**- Pousses d'alfalfa**
**- Sel/poivre**

Faire cuire à l'eau les deux courgettes. Garder l'eau de cuisson.

Dans un mixeur, verser les courgettes cuites, ajouter les noix de cajou, la spiruline, une grosse cuillère à soupe de yaourt à la noix de coco, et ajouter l'eau de cuisson à hauteur des ¾ des ingrédients environ. Mixer le tout puis servir. Assaisonner et ajouter les pousses d'alfalfa.

| | | | |
|---|---|---|---|
| 1 | 2 | 3 | 4 |
| 8 | 9 | 10 | 11 |
| 15 | 16 | 17 | 18 |
| 22 | 23 | 24 | 25 |
| 29 | 30 | 31 | |

| | | |
|---|---|---|
| 5 | 6 | 7 |
| 12 | 13 | 14 |
| 19 | 20 | 21 |
| 26 | 24 | 28 |

mois 2

# Prendre un nouvel élan

# Une façon de PENSER

### LAISSE LE « COMMENT » DE CÔTÉ ET CONCENTRE-TOI SUR CE QUE TU VEUX.

*Il est important d'avoir une VISION claire et précise. La vie ne nous attend pas. Que tu le veuilles ou non, chaque jour qui passe, tu ajoutes un jour de plus à ta vie. Tu n'as pas le choix de créer ou non, en revanche, tu as le choix de créer avec intention. Si tu ne fais pas ce choix, tu laisses ton mode « pilote automatique » créer à ta place.*

**QUE VEUX-TU VRAIMENT ?**

Prends le temps de laisser cette question infuser dans ta tête, sans penser à la façon dont tu vas t'y prendre pour réaliser ton souhait, car tu ne peux pas répondre au « comment » au niveau de conscience où tu es au moment où tu évoques tes rêves. Tes rêves, pour les atteindre, impliquent que ta conscience évolue. Tu ne peux pas anticiper tout ce qui va se passer sur ton chemin pour atteindre tes rêves : l'ouverture de conscience que cela va te demander, les rencontres qui vont t'aider sur la route, les opportunités qui vont se présenter, les expériences qui vont te faire voir les choses d'un nouvel œil, etc. Tu dois croire en ton rêve bien avant de savoir comment tu vas faire pour le réaliser. Et tu dois continuer à avancer, même dans les moments de flou, en gardant ta vision en tête comme une lumière au loin qui guide tes pas.

Les découvertes et expériences les plus incroyables que l'homme ait faites ont été réalisées grâce à des personnes qui ont cru en leurs rêves bien que ceux-ci paraissaient complètement absurdes pour la raison. Le fait de pouvoir déplacer des milliers de personnes dans un avion au-dessus des océans était juste impensable il y a une centaine d'années... et pourtant les frères Wright y ont cru.

Je me rappellerai toujours d'un de mes premiers professeurs de yoga en Inde qui a dit un jour : « Make your vision of gold and your plans of sand[1]. » C'est-à-dire avoir une vision claire et précise en guise de direction, tout en restant suffisamment ouvert et flexible d'esprit afin d'accueillir et de reconnaître les opportunités qui peuvent être inattendues mais qui s'inscrivent dans cette direction. Finalement, cette vision te permet de pouvoir lâcher-prise dans le présent, et d'être beaucoup plus serein intérieurement, parce que tu sais où tu vas. Car bien que je trouve cette vision essentielle, je reste persuadée que l'immense trésor n'est pas lorsqu'on arrive à destination, mais tout au long du chemin.

1. « Fais en sorte que ta vision soit en or et tes plans en sable. »

**Ma vision est d'or, mes plans sont de sable.**

*Quelles sont tes cinq valeurs principales ?*

*Peux-tu décrire ce que chacune d'elle signifie pour toi, au-delà du mot ?*

*Dans quel environnement as-tu envie d'évoluer ?*

*Quel genre de relations as-tu envie d'entretenir ?*

*Quelle contribution veux-tu apporter au monde ? Quelles sont les causes qui te tiennent à cœur ?*

*Quelle serait la journée type idéale pour toi ?*

*Quelles sensations as-tu envie d'éprouver ?*

# Une façon d'ÊTRE

## CRÉER SON *VISION BOARD*

*"Everything is energy and that's all there is to it. Match the frequency of the reality you want and you cannot help but get that reality. It can be no other way. This is not philosophy. This is physics[1]."*
*Albert Einstein*

Le *vision board*, c'est pour moi une première étape dans la manifestation de notre vision : il la rend matérielle. Ce tableau de vision pourra ensuite te servir de support pour tes méditations de vision.

Pour la création de ton *vision board*, laisse libre cours à ton imagination et surtout prends du plaisir. C'est un exercice qui doit être fun, excitant, et inspirant !

1. « Tout est énergie et c'est tout ce qu'il y a. Mets-toi sur la fréquence de la réalité que tu veux attirer et tu ne pourras pas faire autrement que de l'attirer. Ce n'est pas de la philosophie. C'est de la physique. »

## MÉDITATION SUR LA VISION : 5 À 10 MIN, TOUS LES SOIRS

Installe-toi en position assise. Ferme les yeux. Porte ton attention sur ta respiration naturelle, puis imagine-toi évoluer dans ta vision, comme si tout ce que tu avais écrit dans ta vision était ta vie réelle.

Imagine ce qu'il y a autour de toi, la décoration de ta maison, l'ambiance, les gens autour.

Imagine comment tu te sens quand tu te réveilles le matin, ce que tu fais de tes journées, ce qui te remplit le cœur.

Laisse ta vision te procurer les émotions associées.

Plus tu vis ta vision, en impliquant tous les sens (la vision, l'auditif, le kinesthésique, le goût, et l'odorat), plus tu amplifies ton pouvoir de manifestation. Plus tu la rends réelle.

# Mon vision BOARD

# Une façon de BOUGER

*Je dirige mon énergie au service de ma vision.*

*Cette semaine, nous utilisons l'extension des bras pour pointer vers nos rêves.*

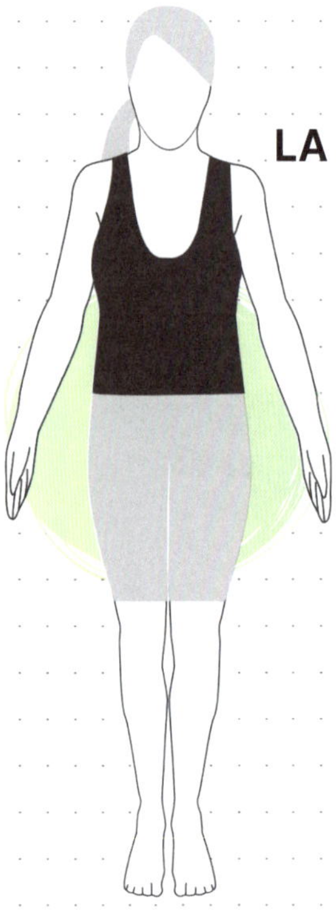

1

## TADASANA - LA POSTURE DE LA MONTAGNE

Place-toi à l'avant de ton tapis, les pieds joints. Les orteils se touchent, talons légèrement entrouverts. Bras le long du corps pour commencer. Ramène l'énergie sur la ligne médiane de ton corps en engageant les cuisses et en serrant le bas du ventre. Prends un moment ici pour poser ton intention.

**FOCUS**

*Intention.*

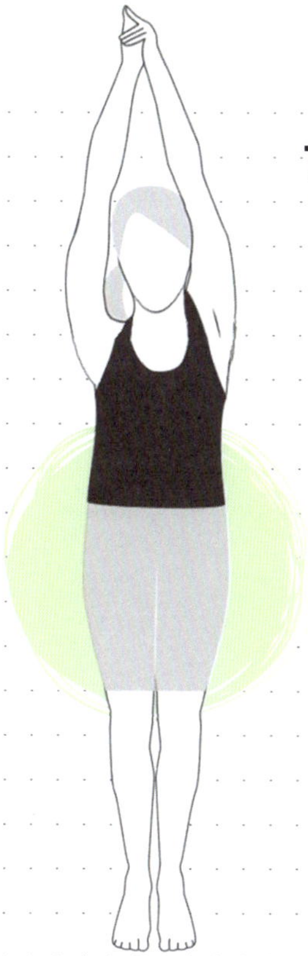

**2**

## TADASANA - LA MONTAGNE, VARIATION AVEC LES BRAS AU-DESSUS DE LA TÊTE

À l'inspiration, passe les bras au-dessus de la tête, mains écartées à la largeur des épaules et paumes de mains face à face. Monte sur les pointes de pieds et étire-toi au maximum. À l'expiration, garde les bras au-dessus de la tête et redescends simplement sur tes talons. Répète trois fois.

Puis, à la prochaine inspiration, reste sur les pointes de pieds et continue à respirer. En gardant une image fixe en tête, celle de ta vision, ferme les yeux et essaie de maintenir ton équilibre. Plus l'image dans ta tête est claire, plus ce sera facile de tenir l'équilibre. Reste là environ 1 min, puis redescends sur les talons, en gardant les bras au-dessus de la tête.

**FOCUS**

*Expansion, équilibre, focus, engagement.*

**3**

## VIRABADRASANA III - LE GUERRIER 3, VARIATION AVEC LES BRAS ÉTENDUS

Bascule le poids du corps sur le pied droit. À l'inspiration, grandis-toi au maximum, allonge les bras, allonge la jambe gauche, serre le bas du ventre. À l'expiration, bascule doucement le haut du corps en avant en même temps que tu lèves la jambe gauche vers l'arrière, en essayant de maintenir une ligne droite entre le haut du corps et la jambe arrière. Allonge les bras au maximum comme si tu voulais toucher ta vision au loin avec le bout des doigts. Pousse le nombril contre la colonne vertébrale pour protéger le bas du dos, et essaie de maintenir les hanches au même niveau. C'est une posture exigeante, donc reste concentré(e) sur ta direction et ta respiration. Reste au moins cinq grandes respirations.

**FOCUS**

*Détermination, volonté, concentration, équilibre, endurance, renforcement du centre, renforcement des muscles du dos, étirement des ischio-jambiers.*

4

## ARDHA CHANDRASANA - LA DEMI-LUNE, VARIATION AVEC LES BRAS ÉTENDUS

À partir de la posture précédente, redresse légèrement le haut du corps et pivote vers la gauche (sans bouger le pied droit). On passe en ouverture de hanche en pivotant le haut du corps complètement en direction du côté gauche et en ramenant la hanche gauche au-dessus de la hanche droite. Si tu peux, garde les bras étendus vers l'avant. Si c'est trop, ramène les bras le long du corps. Reste au moins cinq respirations.

**FOCUS**

*Équilibre, renforcement des obliques, renforcement des rotateurs externes des hanches.*

5

## PARSVA KONASANA, VARIATION AVEC LES BRAS ÉTENDUS

À partir de la posture précédente, plie le genou droit et pose le pied gauche au sol loin derrière de façon à avoir le genou droit aligné avec la cheville droite, et la cheville gauche dans le prolongement de la droite. Tu peux, là aussi, garder les bras étendus dans le prolongement de la jambe arrière, sachant que c'est une version exigeante, donc sois tolérant avec toi-même. Concentre-toi sur le fait d'allonger au maximum dans les deux directions opposées, cela aide pour maintenir la posture. Si c'est trop intense, n'hésite pas à ramener les bras le long du corps. Reste au moins cinq respirations.

**FOCUS**

*Propulsion vers le haut, puissance des jambes, renforcement des abdominaux profonds.*

6

## TRIKONASANA - LE TRIANGLE, VARIATION AVEC LES BRAS ÉTENDUS

À partir de la posture précédente, à l'inspiration, redresse le haut du corps et tends la jambe avant, puis à l'expiration descends doucement sur le côté droit de nouveau. Cette fois-ci les deux jambes sont tendues, et doivent être bien engagées pour supporter le poids du haut du corps. Les bras sont dans le prolongement du buste, et pointent toujours en direction de ta vision. Imagine que tu repousses le sol avec tes pieds pour te propulser vers tes rêves !

### FOCUS

*Étirement et renforcement des jambes, étirement et renforcement des obliques.*

7

## PRASARITA PADOTTANASSANA, VARIATION AVEC BRAS ÉTENDUS À 90°

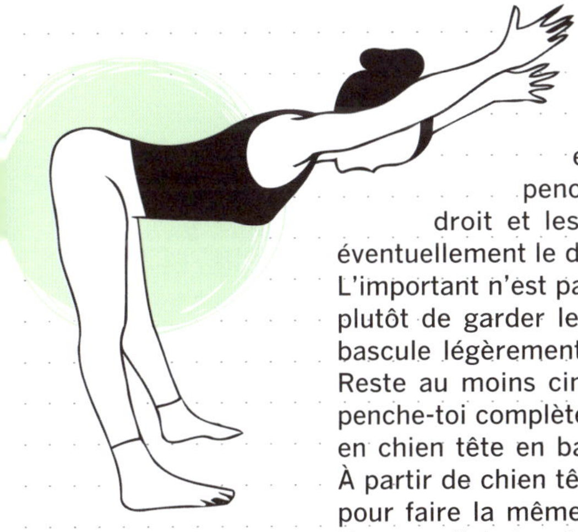

À partir de la posture précédente, redresse d'abord le haut du corps puis pivote sur le côté gauche complètement et ramène les pieds parallèles. Sur une inspiration, grandis-toi en tirant les bras vers le ciel, et sur l'expiration, penche-toi en avant en gardant, si le tu peux, le dos droit et les bras dans le prolongement du dos pour avoir éventuellement le dos parallèle au sol (cela dépend de ta souplesse). L'important n'est pas de descendre absolument parallèle au sol, mais plutôt de garder le dos et les bras sur une même ligne. Le bassin bascule légèrement vers l'arrière pour équilibrer le poids des bras. Reste au moins cinq respirations, puis relâche le haut du corps et penche-toi complètement en avant quelques instants avant de revenir en chien tête en bas.
À partir de chien tête en bas reviens dans la posture de la montagne pour faire la même chose de l'autre côté (de 2 à 7).
Tu peux finir ta séance en relaxation.

### FOCUS

*Étirement de la colonne vertébrale, renforcement des muscles du dos, renforcement des quadriceps et des adducteurs, étirement des ischio-jambiers.*

# Une façon de MANGER

*J'aime préparer une assiette complète quand j'ai une grosse faim. Je la crée comme mon vision board en y mettant à l'intérieur tout ce que j'aime. Parce que j'ai envie de me sentir ancrée, je choisis du riz complet, le potiron pour la couleur et la douceur, les graines pour le côté craquant, les algues pour le côté marin improbable, la sauce sésame pour le goût et le peps, les brocolis pour la fraîcheur et la pureté… Présenté dans un bol, à la manière d'un buddha bowl, c'est aussi très bien !*

## MON ASSIETTE COMPLÈTE

**INGRÉDIENTS :**

- **75 g de riz complet**
- **75 g de lentilles vertes**
- **½ Potiron**
- **1 aubergine**
- **½ brocoli**
- **Tomates séchées**
- **Graines de sésame**
- **Sel/poivre**

**POUR LA SAUCE SÉSAME :**

- **1 cuillère à soupe de purée de sésame (tahin)**
- **3 cuillères à soupe d'huile d'olive**
- **½ citron pressé**

Faire tremper le riz et les lentilles pendant une nuit. Faire cuire le mélange riz-lentilles façon pilaf.
Faire cuire le potiron à l'eau puis le réduire en purée.
Faire dégorger l'aubergine, puis la faire griller à la poêle avec le brocoli.
Disposer tous les ingrédients dans l'assiette selon votre humeur, ajouter les tomates séchées et les graines de sésame, et verser la sauce et assaisonner à votre goût.

**Pour la sauce :** mélanger le tahin, l'huile d'olive et le jus de citron.

# Une façon de PENSER

## DÉPASSER SES PEURS

Sois attentif à tes pensées. Lorsque que tu entends la petite voix de la peur monter, suis ces cinq étapes :

**1.** Presse le bouton STOP. Fais une pause ! Arrête le flux de tes pensées tout de suite, avant de te laisser embarquer dans une spirale négative.

**2.** Reconnais la part de fiction dans cette peur. Reconnais la part de préjugé. Reconnais la part qui n'est que supposition.

**3.** Reconnecte-toi à tes rêves, et surtout, reconnecte-toi aux raisons pour lesquelles tu veux atteindre ces rêves.

**4.** Remplis-toi de force et d'énergie en faisant monter le volume de la voix qui veut aller de l'avant.

**5.** Passe à l'action. Même en faisant juste un petit pas en avant, marque le coup en faisant une action vers tes rêves, maintenant. Il s'agira par exemple de passer un coup de téléphone, d'envoyer un mail, d'acheter un billet d'avion, de se débarrasser de quelque chose, d'engager une discussion importante, etc. Pose-toi la question : « qu'est-ce que je peux faire maintenant pour faire un pas en avant ? » Passe à l'action maintenant pour te prouver que tu peux avancer malgré les peurs, et que ta volonté est plus forte. Pour prouver également à la partie de toi qui a peur que TOUT VA BIEN. Et que tu es encore en vie, même après avoir fait ce pas en avant.

En appliquant ces cinq étapes à chaque fois que tu sens la petite voix de la peur arriver, tu apprends à intercepter les peurs et à arrêter leurs mécanismes trompeurs afin de ne plus en être l'esclave.

Maintenant que tu as clarifié ta vision et pris conscience du fonctionnement de ton esprit, tu vas pouvoir passer au concret et définir tes prochains objectifs. Tes objectifs doivent être S.M.A.R.T., c'est-à-dire :

- **Spécifiques :** au lieu d'écrire « prendre soin de moi », préfère une phrase du style « m'accorder trois séances de yoga par semaine et 5 min de méditation par jour ».
- **Mesurables :** quel indice te permettra de savoir que tu as atteint ton objectif ? Comment peux-tu mesurer tes progrès ?
- **Acceptables :** commence par des objectifs qui te paraissent acceptables pour toi aujourd'hui. Par exemple, si tu n'as jamais fait de yoga, tu commenceras peut-être par un objectif d'une séance par semaine au lieu d'un objectif de 2 h par jour.
- **Réalisables :** contrairement à la vision qui, pour l'instant, doit te paraître hors de portée, ici on pose des objectifs qui sont suffisamment ambitieux pour le challenge, mais aussi suffisamment raisonnables pour te paraître réalisables.
- **définis dans le Temps :** le fait de définir une date t'oblige à t'engager.

Pour ma part, j'aime définir mes objectifs à 18 mois. Garde en tête que tes objectifs sont en sable, c'est-à-dire que tu peux les ajuster et les mettre à jour régulièrement.

# À TOI de jouer

*La plupart de tes décisions sont-elles poussées par la peur ou inspirées par l'amour ?*

*Quelle est la première chose que tu ferais pour avancer dans la direction de tes rêves si tu n'avais plus aucune peur ?*

*Quels bénéfices pourrais-tu tirer de ce premier pas en avant ?*

*Pourquoi ne pas le faire maintenant ?*

*Ordonne, définis, et planifie tes objectifs S.M.A.R.T. :*

*Liste toutes les actions que tu pourrais entreprendre, avec les moyens que tu as, pour avancer vers tes rêves :*

# Une façon d'ÊTRE

## Se débarrasser des mauvaises habitudes

***Cette méditation, enseignée notamment par Yogi Bhajan, est connue pour permettre la guérison des addictions et des habitudes négatives, pour pouvoir ensuite reprendre des habitudes positives.***

Nous avons tous certaines habitudes et comportements qui ne nous aident pas à accéder au meilleur de nous-même. Par exemple avec la nourriture, les réseaux sociaux, le sexe, l'alcool, la drogue, la procrastination, le shopping, la peur, etc. Yogi Bhajan explique que les addictions sont dues à un déséquilibre au niveau de la glande pinéale. Dans cette méditation, la pression des pouces sur les tempes va permettre d'agir sur le cerveau pour permettre de retrouver le fonctionnement optimal de cette petite glande endocrinienne.

Le mantra que l'on répète pendant cet exercice est le suivant : SA TA NA MA
SA : l'infini, la totalité du cosmos
TA : la naissance
NA : la vie
MA : la mort

Yogi Bhajan recommande d'en faire une pratique quotidienne pendant au moins 40 jours, car il dit qu'en 40 jours on peut se débarrasser de n'importe quelle habitude, et on peut créer n'importe quelle nouvelle habitude.

**VOICI LES INSTRUCTIONS DÉTAILLÉES SELON YOGI BHAJAN :**
Assieds-toi en tailleur, avec une légère contraction dans la gorge (Jalandhar bandh).
Allonge la colonne vertébrale, et fais en sorte que les vertèbres basses soient verrouillées en avant.
**Yeux :** garde les yeux fermés et concentre-toi sur un point entre tes sourcils.
**Mantra :** SAA-TAA-NAA-MAA (à répéter dans ta tête quand tu presses les molaires, chaque pression correspond à un son).
**Mudra :** fais un poing avec chaque main et étends les pouces.
Place les pouces sur les tempes et trouve l'endroit où ils s'insèrent parfaitement. C'est au niveau de la portion antérieure inférieure de l'os frontal au-dessus de la suture temporo-sphénoïdale.
Verrouille les molaires arrières ensemble en gardant la bouche fermée.
Garde les dents pressées ensemble tout le long, et alternativement serre les molaires fermement puis relâche.
Un muscle va bouger en rythme sous les pouces. Sens-le qui vient masser les pouces et applique une pression ferme avec les mains.
Fais vibrer en silence les sons primaires, le Panj Shabd, au niveau du front : SAA-TAA-NAA-MAA.

**Temps :** Continue pendant 5 à 7 min. Avec la pratique, la durée peut augmenter à 20 min, puis 31 min.

*Mon suivi de la semaine*

☐ ☐ ☐ ☐ ☐ ☐ ☐

# Une façon de BOUGER

*J'avance dans l'inconnu avec sérénité.*

*Échauffe-toi avec quelques salutations au soleil.*

1

## CONNECTION AUX MUSCLES CENTRAUX

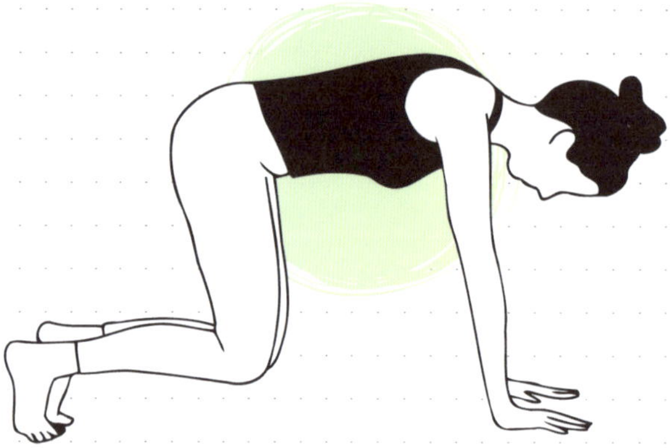

Genoux au sol écartés à la largeur des hanches, mains au sol écartées à la largeur des épaules. À partir d'ici, lève les genoux à 5-10 cm du sol et reste pour environ 10 s. Répète trois fois.

**FOCUS**

*Connexion avec les muscles centraux.*

2

## BAKASANA - LE CORBEAU ET SES VARIATIONS

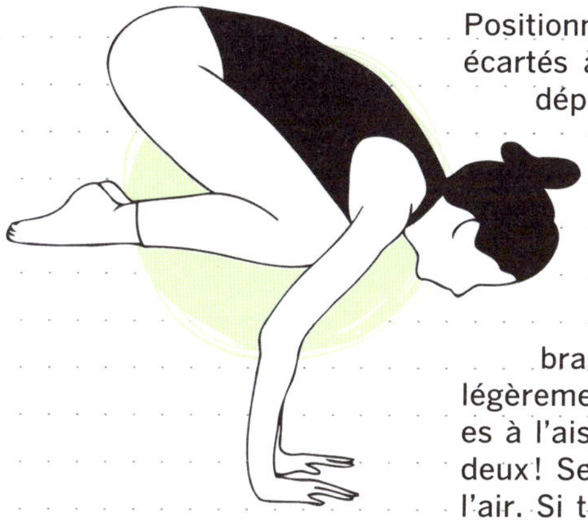

Positionne tes mains au sol, avec les poignets parallèles écartés à la largeur des épaules. Lève le bassin et viens déposer tes genoux sur les bras, soit sur les triceps, soit à l'extérieur des bras juste au-dessus des coudes. Les coudes peuvent avoir tendance à partir vers l'extérieur alors garde-les attentivement parallèles pour éviter de mettre du poids sur l'extérieur des poignets qui est plus fragile. Bascule progressivement le poids du corps sur les bras en serrant les jambes contre les bras. Redresse légèrement la tête pour éviter de plonger en avant. Si tu es à l'aise, décolle un pied, puis l'autre, puis peut-être les deux ! Serre le bas du ventre pour maintenir le bassin en l'air. Si tu es déjà très à l'aise avec cette version, tu peux garder le genou droit sur le bras droit et étendre la jambe gauche vers le ciel. Puis, fais la même chose de l'autre côté.

**FOCUS**

*Confiance, force intérieure, équilibre, renforcement des bras et des poignets, renforcement des abdominaux profonds.*

3

## CHAPASANA - VERSION NON SUPPORTÉE

Place ton pied droit à l'avant du tapis, et viens te mettre en équilibre sur le pied droit, avec la jambe gauche tendue en l'air et parallèle au sol. Garde le bout des doigts de la main droite au sol (ou sur un bloc), puis ouvre le buste vers la gauche et ramène la hanche gauche au-dessus de la hanche droite. Première option : lève la main gauche vers le ciel, et soulève la main droite du sol si tu es à l'aise. Deuxième option : plie le genou gauche et attrape ta cheville gauche avec ta main gauche. Pousse la cage thoracique vers l'avant et tire vers l'arrière avec ton pied gauche pour créer un arc de cercle. Si tu es à l'aise, soulève la main droite du sol et trouve ton équilibre pour quelques respirations. Enchaîne directement avec la posture d'après.

**FOCUS**

*Équilibre, concentration, renforcement des obliques, (ouverture du haut du corps et des quadriceps/psoas pour la deuxième option).*

4

## TABLE RENVERSÉE AVEC UNE JAMBE EN L'AIR

**FOCUS**

*Renforcement des fessiers, stabilisation des hanches, flexibilité et renforcement des poignets.*

Assieds-toi et croise la jambe gauche par-dessus la jambe droite (les deux genoux sont pliés). Place tes mains derrière le dos, poignets parallèles écartés à la largeur des épaules, doigts en direction de ton dos. Sur une inspiration, lève le bassin et la jambe gauche vers le ciel. Repousse le sol avec le talon droit et essaie de maintenir les hanches au même niveau dans cette posture asymétrique. Veille à ce que ton genou soit bien aligné avec ta cheville. Quelques respirations, puis croise de nouveau la jambe gauche par-dessus la jambe droite avant de revenir t'asseoir. Enchaîne directement avec la posture d'après.

5

## TORSION HYBRIDE

En gardant la jambe gauche par-dessus la jambe droite, viens attraper l'extérieur du pied droit avec la main gauche, et progressivement étends la jambe droite devant toi (le pied droit est à peu près à hauteur de la tête). Pivote le haut du corps à droite pour créer une torsion, et étends le bras droit derrière toi. Reste quelques respirations ici. Enchaîne directement avec la posture d'après.

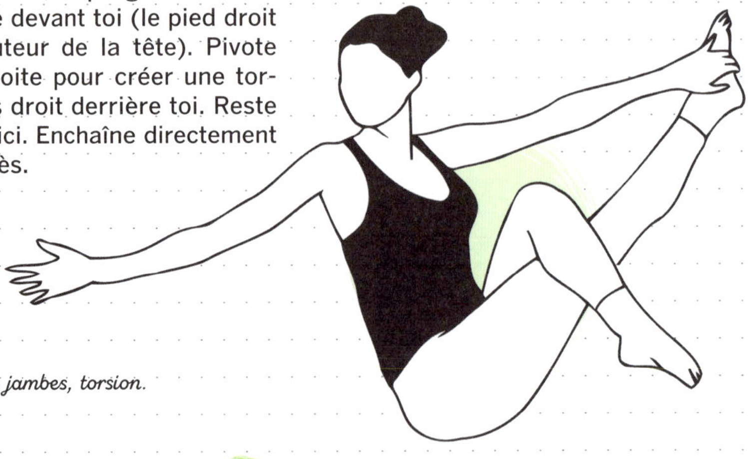

**FOCUS**

*Étirement de l'extérieur des jambes, torsion.*

6

## POSTURE D'ÉQUILIBRE HYBRIDE

Depuis la posture précédente, pose ton pied gauche au sol en pointant vers l'extérieur du tapis. Pose le bout des doigts de la main droite vers la droite. Garde le pied droit dans la main gauche. Bascule le poids du corps en avant et soulève le bassin. (L'épaule gauche devrait passer devant le genou gauche.) Reste quelques respirations ici. Enchaîne directement avec la posture d'après.

**FOCUS**

*Appréhension de l'inconnu, équilibre, conscience du corps.*

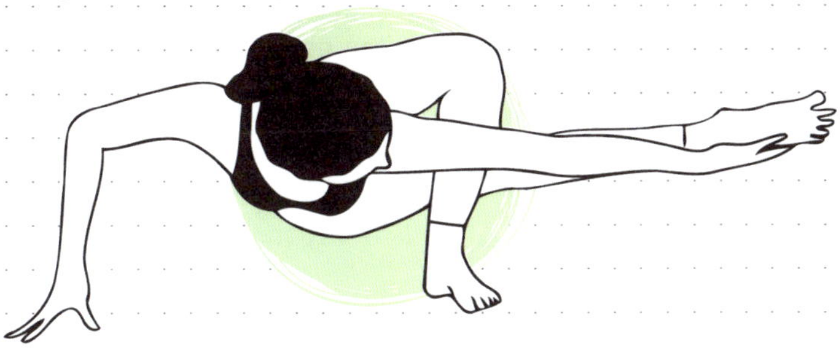

7

## ÉTIREMENT DES HANCHES

Repose le bassin au sol. En maintenant la position des jambes, penche simplement le haut du corps en avant pour trouver un étirement dans les hanches (surtout à gauche). Reste quelques respirations ici, puis pivote vers l'arrière du tapis et reprends les exercices 3 à 7 avec le côté gauche.

Tu peux finir ta séance avec une relaxation.

**FOCUS**

*Étirement des grands fessiers, torsion.*

# Une façon de MANGER

## DÉCOUVRIR

*Les superaliments sont des aliments qui contiennent une quantité de nutriments (minéraux, vitamines, fibres, antioxydants) nettement supérieure à la moyenne. Ils peuvent être des fruits, des légumes, des graines, des algues, des plantes, etc.*

Voici quelques-uns de mes superaliments favoris :

### LA MACA

• Aide à réguler le système hormonal • Réduit les troubles menstruels • Améliore la fertilité • Renforce le système immunitaire • Donne de l'énergie.

**Mon utilisation :** j'aime marier la maca avec le cacao cru dans des smoothies ou simplement l'intégrer dans mon bol de petit déjeuner.

### LA SPIRULINE

• Riche en protéines, en acides gras essentiels, en vitamines, en fer et autres minéraux.

**Mon utilisation :** je préfère consommer la spiruline uniquement avec du salé.

### LES BAIES DE GOJI

• Riches en vitamines, en minéraux • Antioxydant puissant.

**Mon utilisation :** je fais tremper les baies pendant une nuit pour enlever la petite amertume et ensuite je les ajoute dans mon bol de petit déjeuner.

### L'AÇAI

• Riche en antioxydants, vitamines, et omégas.

**Mon utilisation :** je les mets dans mes smoothies pour faire des açai bowls.

### LES GRAINES DE CHIA

• Riches en fibres, protéines, et oméga-3.

**Mon utilisation :** je fais des chia puddings, je les mets dans mes salades, mes smoothies, certaines préparations de gâteaux, et également dans mes boissons chaudes (comme le chocolat chaud par exemple).

### LES FÈVES DE CACAO CRU

• Contiennent plus de 700 composés chimiques, dont du magnésium, du potassium, des antioxydants et des vitamines.

• Antidépresseur et antifatigue puissant.

**Mon utilisation :** j'utilise les fèves dans les salades, les gâteaux, dans les bols de petit déjeuner, et j'utilise la poudre de cacao cru pour les smoothies.

### LES GRAINES DE CHANVRE

• Riches en protéines, en oméga-3, en oméga-6, en fibres et en vitamine E.

**Mon utilisation :** j'aime agrémenter mes salades et mes toasts salés avec des graines de chanvre.

# L'AVOCADO TOAST AU ZAATAR

**INGRÉDIENTS :**

- 1 avocat
- 2 cuillères à café de jus de citron
- 2 cuillères à café de zaatar
- 1 pincée de sel
- 1 pincée de poivre
- 1 tomate fraîche coupée en grosses tranches
- 2 gros champignons de Paris
- Huile d'olive
- 2 grosses tranches de pain de ton choix
- Quelques feuilles de mâche
- 1 pincée de graines de chanvre

Pour le guacamole, écraser l'avocat dans un bol et y mélanger le jus de citron, le zaatar, le sel et le poivre.
Faire griller les tranches de tomate et les champignons dans un fond d'huile d'olive, puis faire griller les tranches de pain dans la même poêle.
Étaler de manière généreuse le guacamole sur les tranches de pain, puis disposer les tomates, les champignons, les feuilles de mâche et saupoudrer le toast de graines de chanvre.
(Servir accompagné d'une salade de chou rouge, raisins secs, huile de pépin de raisin, citron.)

# Une façon de PENSER

**« LE MIRACLE EST DANS LE CHANGEMENT DE PERSPECTIVE. »**
**MARIANNE WILLIAMSON**

*Lorsqu'on se sent bloqué, ou dans une situation apparemment sans issue, nous devons changer notre perspective sur la situation.*

Voici quatre étapes que tu peux appliquer à chaque fois que tu as l'impression d'être dans une impasse ou que tu as l'impression de faire du surplace :

- Transformer tes phrases affirmatives en questions.

- Faire un *brainstorming* : écrire absolument TOUTES les idées qui te viennent pour répondre aux questions précédentes.

- Faire le tri parmi les idées écrites et sélectionner celles qui te paraissent être les plus appropriées.

- Passer à l'action !

En passant de l'affirmation à la question, tu ouvres le champ des possibles. Ton cerveau se met immédiatement en marche pour rechercher des solutions. La magie, c'est de rester dans la question. Jusqu'à ce que tu trouves. Il y a toujours une solution. Il y a toujours une issue. Les obstacles sont des opportunités pour avancer. Même si certains événements sont irréversibles, c'est en changeant ta manière de voir l'événement que tu retrouves ta liberté.

Comme le dit Chuck Swindoll, un auteur américain : « La vie, c'est 10 % ce qui t'arrive, et 90 % comment tu réagis à ça. » Tu es 100 % responsable de ta réaction !

**Si une situation ne me plaît pas, je la change.**
**Si je ne peux pas la changer, je change mon attitude.**

# À TOI de jouer

*Quels sont tes « héros » préférés et quelles ont été les événements marquants de leur vie ?*

*Quels événements de ta vie, au premier abord, désagréables, se sont finalement avérés être bénéfiques pour ton évolution ?*

*Quelles ont été tes plus grandes leçons et quels ont été les événements sous-jacents ?*

*Comment les situations difficiles d'aujourd'hui pourraient-elles devenir tes plus grandes forces ?*

*En quoi ton histoire est-elle ta force ?*

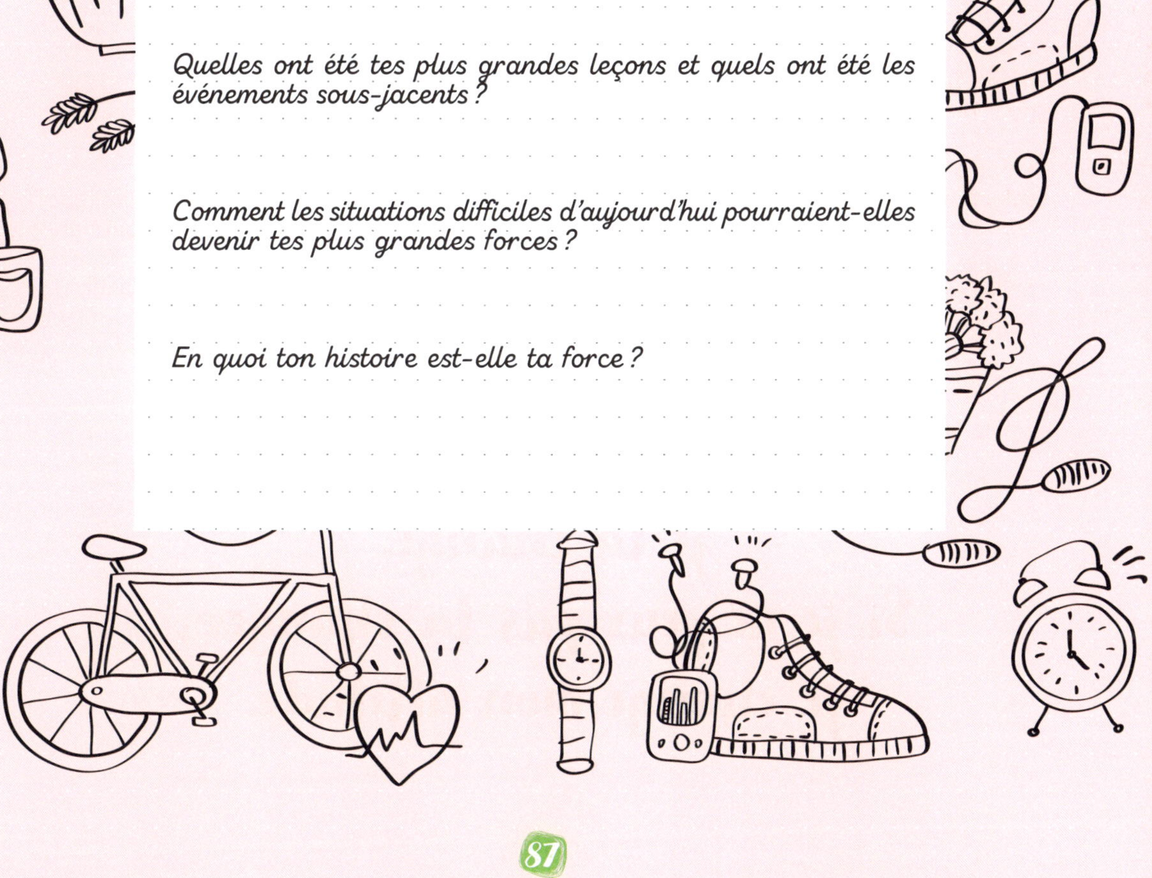

# Une façon d'ÊTRE

## Le film de ta vie

*Imagine que tu es à la fois le réalisateur et l'acteur principal du film de ta vie. C'est toi qui décides de la suite des événements. C'est toi qui as le contrôle. Rappelle-toi les films qui t'ont le plus inspiré(e) : est-ce que ce sont des films où tout était rose ? Ou est-ce que ce sont des films avec intrigues, suspens et multiples rebondissements ?*

Installe-toi en position de méditation et ferme les yeux. Offre-toi la possibilité d'écrire la suite du scénario à partir d'aujourd'hui. Le meilleur scénario que tu puisses imaginer !

• Comment le héros de ton film (c'est-à-dire TOI !) va-t-il transformer les défis actuels en forces ?

• Qu'est-ce qui fait son côté héroïque ?

• Qu'est-ce qui fait que l'histoire du film est touchante ?

• Quel est le moment où « tout change » (le tournant) ?

• Entre dans la peau de ton héros, jusqu'à ressentir ses sensations. Comment marche-t-il, comment se comporte-t-il, quelle attitude a-t-il avec les autres, quelle est sa façon de s'exprimer, que mange-t-il, quels vêtements porte-t-il, etc. ?

• Laisse aller ta créativité jusqu'à te remplir de confiance, d'assurance et de force pour l'avenir.

Écris ton
SCÉNARIO

# Une façon de BOUGER

## Changer de perspective

*Dans cette séquence, nous mettons l'accent sur les inversions pour nous permettre de secouer nos idées et nous ouvrir des portes sur de nouvelles perspectives.*

1

## SUKHASANA ET ÉTIREMENT DU COU

Assieds-toi en tailleur, redresse le dos, relâche les épaules. Pose ta main gauche sur ta joue droite, en passant par-dessus la tête, et tire délicatement la tête à gauche pour étirer le cou à droite. Reste quelques longues respirations ici, puis fais la même chose de l'autre côté.

**FOCUS**

*Intention, détente, étirement des muscles du cou.*

2

## GOMUKHASANA

Depuis la position assise, passe le genou droit par-dessus le genou gauche de façon à ce que les genoux soient superposés. Si cela te paraît hors de portée, passe simplement la jambe droite devant la jambe gauche. Tu dois pouvoir être assis confortablement avec les deux hanches au sol et le dos redressé. Passe le bras droit derrière le dos et lève la main droite délicatement entre les omoplates. Passe le bras gauche au-dessus de la tête, plie le coude gauche en le gardant près de la tête, et essaie de toucher les bouts des doigts de la main droite. Si ce n'est pas le cas, attrape simplement ton tee-shirt ou utilise une sangle, ou une écharpe, pour faire le lien entre les deux mains. Redresse la tête et prends de longues respirations. Puis relâche les bras et penche-toi en avant pour étirer les hanches. Même chose de l'autre côté.

**FOCUS**

*Étirement des épaules, ouverture du haut du corps, ouverture des hanches, redressement de la posture.*

3

## PINCHA MAYURASANA - PRÉPARATION

Fais quelques salutations au soleil pour t'échauffer. Puis, depuis le chien tête en bas, pose tes deux avant-bras au sol en vérifiant que tes coudes sont écartés à la largeur des épaules, pas plus (pour créer une base solide afin de supporter plus facilement le poids que l'on va mettre sur les avant-bras). Amène les épaules au-dessus des coudes, lève le bassin, marche les pieds vers ta tête et repousse le sol au maximum avec tes coudes afin d'allonger le dos et d'éviter que la tête ne touche le sol. Une fois que tu as ramené les pieds le plus proche possible de ta tête, mets-toi sur le bout des orteils du pied gauche et lève la jambe droite vers le ciel. Reste là quelques respirations en défiant la gravité et en allongeant au mieux le dos et la jambe droite. Repose le pied droit au sol puis fais la même chose à gauche. Reprends ton souffle dans la posture de l'enfant.

**FOCUS**

*Appréhension de l'inconnu, volonté, force des bras, renforcement des épaules.*

4

## SIRSASANA - VERSION TRIPOD

**FOCUS**

*Appréhension de l'inconnu, changement de perspective, oxygénation du cerveau, repos pour le cœur.*

Cette version de la posture sur la tête est très accessible pour les débutants du moment que tu ne lèves pas les jambes au-dessus de la tête. Place tes mains au sol, poignets parallèles écartés à la largeur des épaules. Pose le haut du crâne de manière à créer un triangle avec tes mains (c'est important de respecter ce triangle afin d'avoir trois points d'appui pour faciliter l'équilibre). À partir d'ici, lève les hanches, avance les pieds vers la tête puis pose un genou sur un bras, puis l'autre sur l'autre bras, les coudes formant un support pour y déposer les jambes. Garde les coudes parallèles et serre le bas du ventre pour stabiliser la posture. Reste plusieurs longues respirations en essayant de calmer le rythme. Repose-toi dans la posture de l'enfant.

5

## SARVANGASANA

Mets-toi dans la position de la chandelle : depuis la posture allongée sur le dos, lève les jambes vers le ciel et soutiens ton dos en plaquant les paumes de mains sur l'arrière du dos. Si tu es à l'aise, repose tes mains au sol en maintenant les jambes tendues vers le haut. Une autre option est de placer ses bras le long du corps : pour cela, repousse le sol avec les épaules pour étirer tout le corps vers le haut et engage les muscles centraux pour maintenir l'équilibre. Tu peux compter 25 respirations ici.

**FOCUS**

*Stimulation de la thyroïde, amélioration de la circulation et du système lymphatique, oxygénation du cerveau.*

6

## VIPARITA KARANI - JAMBES AU MUR

Allonge-toi sur le dos, le bassin contre un mur et les jambes relevées. Relâche les épaules, le haut du corps, et profite simplement. Reste au moins 3 min, et aussi longtemps que tu veux. Cette posture est magique pour soulager les douleurs au bas du dos.

**FOCUS**

*Relaxation, soulagement du bas du dos, amélioration de la circulation dans les jambes.*

# Une façon de MANGER

## DÉCOUVRIR LES PROTÉINES VÉGÉTALES

*Voici quelques aliments riches en protéines végétales qui pourraient constituer une bonne alternative à la viande lorsque tu souhaites réduire ta consommation :*

- La spiruline.

- Les graines germées.

- Les légumineuses : lentilles, pois chiches, haricots, pois cassés, soja (préférer le lacto-fermenté), etc.

- Les fruits oléagineux : noix, amandes, noisettes, pistaches, cacahuètes, noix de cajou...

- Les graines : graines de courge, citrouille, tournesol, lin, sésame, chanvre, chia...

- Les céréales : quinoa, sarrasin, épeautre, riz complet...

- Et aussi, à moindre dose, les légumes : chou kale, choux de Bruxelles, brocoli, épinards, champignons, avocat...

Conseil : la vitamine C facilite l'assimilation des protéines végétales.

# PATATE DOUCE GARNIE

**INGRÉDIENTS :**

- 1 patate douce
- 3 champignons
- 2 grosses poignées d'épinards
- 1 poignée de noix

**POUR LA SAUCE AMANDE :**

- 2 cuillères à soupe de purée d'amandes complètes
- 1 grosse cuillère à café de miso jaune
- 3 cuillères à café de vinaigre de riz
- Un peu d'eau pour arriver à la consistance voulue
- Sel/poivre

Piquer la patate douce avant de l'enfourner à 150 °C (th. 5) pour environ 1 h. Laisser reposer 10 min en sortant du four, puis l'ouvrir en deux.
Faire revenir les champignons puis saisir les épinards juste quelques instants et assaisonner selon le goût.
Verser le mélange épinards-champignons au centre de la patate douce, ajouter les noix concassées.
Pour la sauce, mélanger tous les ingrédients ensemble, ajouter un peu d'eau pour obtenir la consistance souhaitée. Assaisonner la patate garnie selon le goût avant de verser la sauce amande par-dessus.

# Une façon de PENSER

**«TU NE CHANGERAS JAMAIS TA VIE TANT QUE TU NE CHANGES PAS QUELQUE CHOSE QUE TU FAIS TOUS LES JOURS. LE SECRET DU SUCCÈS SE TROUVE DANS TA ROUTINE QUOTIDIENNE.»**
**JOHN C. MAXWELL**

*La clé pour un changement durable, c'est d'instaurer une pratique quotidienne, et de faire en sorte que cela ne soit pas un effort.*

On dit que pour mettre en place une nouvelle habitude, il faut entre 30 et 40 jours. Ce laps de temps correspondrait au temps pour que les changements physiologiques s'opèrent dans le cerveau.

**Voici quelques petits conseils pour cultiver une pratique quotidienne :**

• Garder en tête qu'une pratique quotidienne ne veut pas forcément dire une pratique d'asanas de trois heures (bien que cela puisse l'être aussi).

• Garder son tapis à la sortie du lit, et se dire simplement qu'on fera quelques salutations au soleil puis après on verra (c'est-à-dire ne pas se mettre la pression en se disant qu'on va faire une pratique de deux heures). Car très souvent, une fois qu'on est sur son tapis, on a envie d'en faire plus !

• Travailler sur une chose à la fois : j'aime me faire des périodes à thèmes. Par exemple lorsque j'ai besoin d'être productive, je me fais une routine spéciale productivité, lorsque j'ai besoin d'accepter une situation et de pardonner quelqu'un, je me concentre là-dessus jusqu'à ce que ça aille mieux... N'essaie pas de tout faire à la fois. Choisis ta priorité et travaille dessus pendant au moins 40 jours.

• Créer une atmosphère qui invite à la pratique : mettre un peu d'huiles essentielles avant de pratiquer, allumer une bougie, préparer le plus beau *breakfast bowl* du monde à savourer après la pratique, afficher son *vision board* en face de son tapis...

**Comment créer ta pratique quotidienne ?**
Selon le temps que tu veux lui accorder et ce dont tu as besoin le plus en ce moment, à toi de faire ton *mix & match* : méditation, pranayama, salutations au soleil et asanas, écriture dans ton journal... Grâce à cette pratique quotidienne, tu peux jour après jour redéfinir ta vie.

**Tu es poussé(e) par tes conditions jusqu'à ce que tu sois tiré(e) par ta vision.**

# À TOI de jouer

*Qu'est-ce qui te pousse à te lever le matin ?*

*Que peux-tu mettre en place pour faciliter ta pratique quotidienne ?*

# Une façon d'ÊTRE

## J'ai confiance en moi

***Voici un exercice de respiration tout simple pour t'aider à démarrer ta journée avec enthousiasme.***

Pendant cet exercice, observe bien ta posture et les sensations qui y sont liées. À la fin des inspirations, le dos est redressé et la cage thoracique est ouverte au maximum afin de permettre aux poumons de se remplir, ce qui donne une sensation de grandeur, de confiance et d'assurance. Le simple fait de modifier ta posture modifie ton état !

Tu peux pratiquer cet exercice assis(e) ou debout, selon les conditions dans lesquelles tu es. Inspire huit fois de suite, jusqu'à ce que les poumons soient remplis au maximum, puis expire lentement en une fois.

Si tu es à l'aise avec huit inspirations et que tu sens que tu pourrais remplir davantage tes poumons, augmente progressivement le nombre d'inspirations. Les inspirations sont toniques et rythmées, l'expiration est longue et continue. Continue pendant quelques minutes.

**Ma pratique quotidienne est ma facon d'honorer qui je suis.**

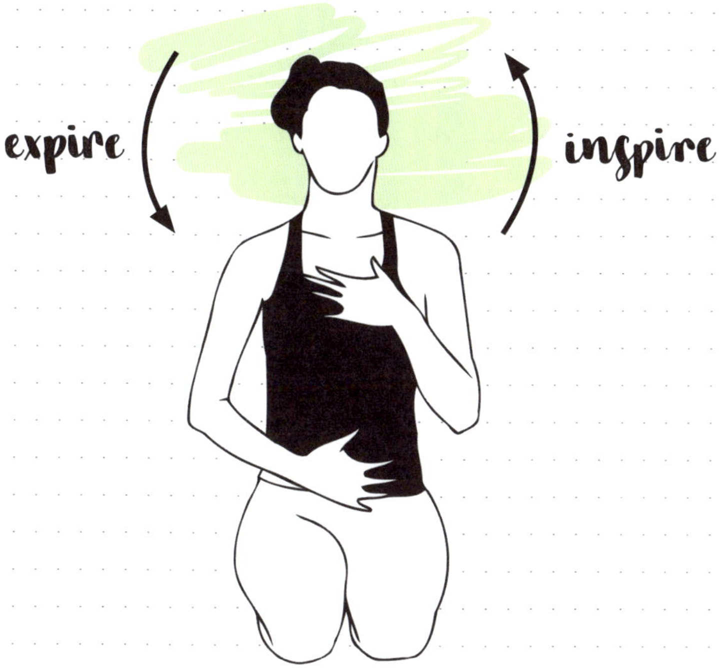


*Mon suivi de la semaine*

☐ ☐ ☐ ☐ ☐ ☐ ☐

# Une façon de BOUGER

*Je cultive l'inspiration dans l'inspiration*

*Dans cette séquence, on se concentre sur l'aspect nourrissant de notre respiration. Imagine qu'à chaque inspiration tu peux te remplir de ce dont tu as besoin : énergie, confiance, inspiration, calme, sérénité... Choisis ce dont tu as besoin aujourd'hui, et garde en tête l'idée qu'à chaque inspiration tu nourris ton corps, ton âme et ton esprit.*

1

## EMMAGASINER DU PRANA

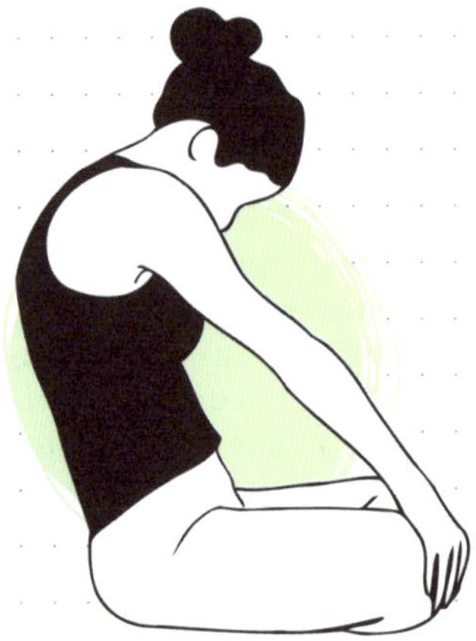

Position assise en tailleur. Inspire, retiens le souffle en haut, et sur la rétention d'air, ouvre la cage thoracique vers l'avant, puis enroule le dos, autant de fois que tu peux en tenant la rétention à plein. Puis expire.

Recommence l'opération trois à cinq fois.

**FOCUS**

*Ouverture de la cage thoracique, amélioration de l'élasticité du diaphragme et accumulation de prana (énergie vitale).*

2

## LE CHAT/LA VACHE

Genoux au sol, écartés à la largeur des hanches, mains au sol écartées à la largeur des épaules. Sur l'inspiration, redresse la tête, ouvre la cage thoracique, ramène les omoplates l'une vers l'autre, et sur l'expiration, arrondis le dos, relâche la tête et repousse le sol avec les mains. Continue de synchroniser le mouvement avec une respiration tonique pendant quelques minutes, puis assieds-toi sur les talons dans la posture de l'enfant pour observer les effets.

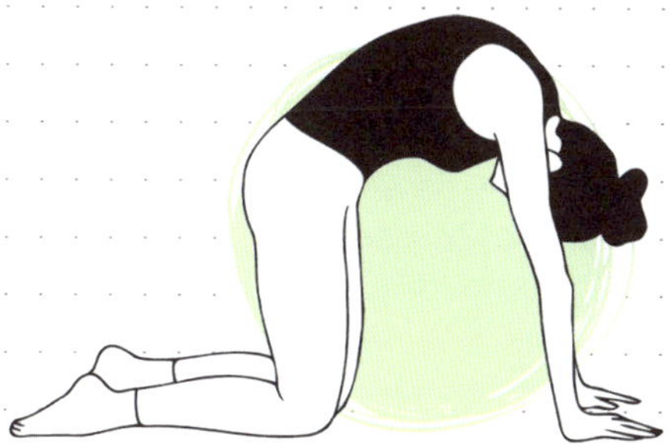

**FOCUS**

*Flexibilité de la colonne vertébrale, circulation de l'énergie stagnante.*

3

## ANJANEYASANA VARIATION AVEC LES BRAS EN CACTUS

Pose le pied droit devant et le genou arrière au sol en fente version basse. Inspire et allonge les bras vers le ciel avec les paumes de mains ensemble, expire, ouvre les bras en cactus (les avant-bras à 90° par rapport aux bras, ouverts de part et d'autre du buste), ramène les omoplates l'une vers l'autre et pousse la cage thoracique vers l'avant. Garde le bas du ventre serré pour protéger le bas du dos. Recommence entre trois et cinq fois, puis fais la même chose de l'autre côté. Insiste sur de longues inspirations.

**FOCUS**

*Étirement des quadriceps et fléchisseurs des hanches, ouverture du haut du corps, synchronisation du mouvement avec la respiration.*

4

## LÉZARD ET MOUVEMENTS DE BRAS

Place le pied droit devant et décale-le vers la droite, genou arrière au sol. Garde la main gauche au sol. À l'inspiration, allonge le bras droit devant ; à l'expiration, fais un grand demi-cercle avec le bras et pivote le torse vers l'arrière. À l'inspiration, demi-cercle vers l'avant ; à l'expiration demi-cercle vers l'arrière. Fais entre trois et cinq cercles, puis garde le bras étendu en arrière et le torse tourné vers l'arrière. Pousse le bassin vers le sol. Si tu es à l'aise, plie le genou gauche et attrape le pied gauche avec la main droite pour étirer les quadriceps à gauche.

Reste dans l'étirement plusieurs longues respirations, puis fais la même chose de l'autre côté.

**FOCUS**

*Ouverture des hanches, étirement des quadriceps et psoas, torsion, mobilité des épaules, synchronisation de la respiration avec le mouvement.*

5

## OUVERTURE DES PECTORAUX

Allonge-toi sur le ventre. Place ton bras droit en cactus sur le sol, avec le coude droit à hauteur de l'épaule droite et l'avant-bras droit de manière à créer un angle à 90° avec le bras. Tourne la tête à gauche et place ta main gauche sous la tête. Pivote le reste du corps vers la droite jusqu'à sentir l'étirement sur le devant de l'épaule droite. On cible les pectoraux mineurs qui, lorsqu'ils sont trop courts, participent au basculement des épaules vers l'avant. En étirant ces muscles, on retrouve une meilleure posture et une meilleure respiration.

Reste une dizaine de longues respirations ici, puis fais la même chose de l'autre côté.

**FOCUS**

*Étirement des pectoraux, lâcher-prise.*

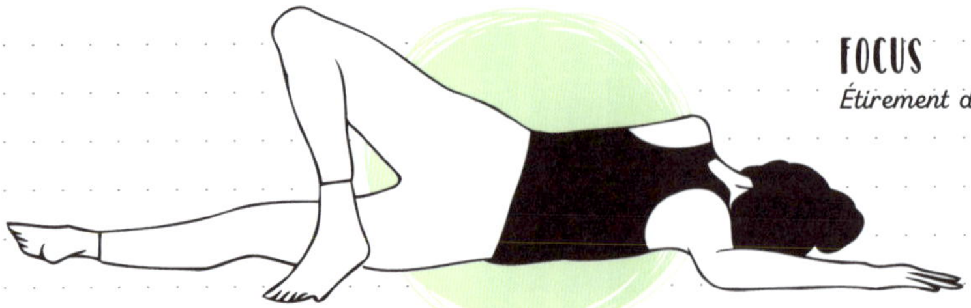

6

## OUVERTURE DE LA CAGE THORACIQUE

Mets-toi dans la posture de l'enfant. Entrelace les doigts derrière le dos, ramène les paumes de mains ensemble si tu peux, rapproche les omoplates l'une de l'autre, et lève les bras vers le ciel en gardant le front au sol. Si tu es à l'aise, bouge les bras de droite à gauche. Reste quelques respirations puis reviens au centre, redresse le haut du corps sur une inspiration et lève la cage thoracique vers le ciel pour quelques dernières longues respirations. Relâche les bras, secoue les poignets.

Tu peux finir ta séance avec une relaxation.

### FOCUS

*Flexibilité des épaules, ouverture de la cage thoracique, contentement dans les choses simples.*

# Une façon de MANGER

*Personnellement le petit déjeuner est mon repas préféré. Je m'applique tellement pour faire quelque chose de beau, léger et gourmand, que cela est clairement d'une grande aide pour me lever le matin !*

## MON BREAKFAST COMBO

### INGRÉDIENTS POUR LE SMOOTHIE AÇAI :

**- 1 banane congelée**
**- 1 poignée de myrtilles**
**- 1 poignée de framboises**
**- 1 cuillère à soupe d'açai en poudre**
**- Boisson végétale de ton choix**

Mixer le tout.

### INGRÉDIENTS POUR LE CHIA PUDDING :

**- Graines de chia**
**- Smoothie açai fraîchement mixé**

Au lieu de faire le chia pudding dans une boisson végétale, faire le chia pudding directement dans le mélange açai. Pour cela, verser les graines de chia directement dans le smoothie açai (ajuster la quantité de graines de chia à la consistance voulue) puis mélanger et laisser les graines gonfler (environ 10 à 15 minutes).

**Pour le topping : Fais-toi plaisir !**

- coco râpée ;
- baies de goji trempées ;
- granola ;
- figues fraîches...

| | | | |
|---|---|---|---|
| 1 | 2 | 3 | 4 |
| 8 | 9 | 10 | 11 |
| 15 | 16 | 17 | 18 |
| 22 | 23 | 24 | 25 |
| 29 | 30 | 31 | |

| | | |
|---|---|---|
| 5 | 6 | 7 |
| 12 | 13 | 14 |
| 19 | 20 | 21 |
| 26 | 24 | 28 |

mois 3

# Apprécier le chemin

# Une façon de PENSER

## IDENTIFIER SES SOURCES DE JOIE ET DE GRATITUDE

*Le chemin de nos rêves peut être sinueux, mais tant que la traversée nous procure de la joie, c'est que nous allons dans la bonne direction. Dans le cas contraire, prends le temps de faire le point et d'ajuster ta route en conséquence. Aussi, pour garder les pieds sur terre dans cette aventure, connecte-toi le plus souvent possible à la joie et à la gratitude. La mise en place d'une pratique quotidienne t'aidera à être naturellement à l'écoute de tes sentiments et te permettra de voir rapidement les moments où tu as besoin de rectifier le cap.*

**La joie**

La joie est synonyme de vie. Nous n'avons qu'à regarder les enfants pour nous en rendre compte : ils sont pleins de vie parce qu'ils jouent. Prenons la vie comme un jeu géant.

• Quelles sont les activités qui te donnent de la joie?

• À quelle fréquence les pratiques-tu? Combien de moments joyeux as-tu par jour? Par semaine? Par mois?

• Que pourrais-tu faire pour apporter plus de joie dans ta vie?

**La gratitude**

« Reconnaître le bon que tu as déjà dans ta vie est la fondation de toute abondance. » – Eckhart Tolle

Si on me demandait quel est LE conseil n° 1 pour apporter plus de bonheur dans notre vie, je parlerais de la gratitude. Nous pourrions avoir tout le succès du monde, tout l'amour du monde, tous nos rêves réalisés, si nous ne sommes pas capables d'apprécier, alors cela n'aura aucune valeur. La gratitude, c'est cette capacité à apprécier les choses que nous avons déjà, les choses que nous n'avons pas encore et les expériences que la vie nous offre, même si certaines sont déroutantes. Elle nous permet immédiatement de passer en mode positif, quelle que soit la situation dans laquelle nous sommes. Et ce faisant, nous ramenons l'attention sur tout ce qui va bien, tout ce qu'on a déjà la chance d'avoir. C'est un changement de perspective. Comme le dit Yogi Bhajan : « La gratitude est le plus élevé des yogas. »

**Mon cœur se remplit de joie quand je pense à tout ce que j'ai déjà.**

# À TOI de jouer

*Liste dix choses aujourd'hui pour lesquelles tu éprouves de la gratitude, dont au moins une qui soit de la vie courante, et explique pourquoi. (À faire tous les soirs pendant au moins 40 jours.)*

–

–

–

–

–

–

–

–

–

–

# Une façon d'ÊTRE

## Se connecter avec son cœur

***Chanter nous permet de reconnecter directement avec le cœur ; même si on n'aime pas chanter, il se passe quelque chose d'inexplicable et surtout d'incontrôlable lorsqu'on chante. Aussi, en yoga, on utilise beaucoup le pouvoir des mantras pour affecter notre état mental et émotionnel.***

Le mantra est un outil de l'esprit. Cela peut être juste un son, comme le son « Aum », ou une phrase complète, que l'on répète en boucle afin de vider notre esprit et imprégner de nouvelles vibrations dans notre corps et notre tête. Chaque son, chaque mot, porte une vibration. Les mantras procurent un changement d'état immédiat et sont donc très utiles pour sortir d'une spirale négative ou d'un état de tristesse ou de dépression.

Mon mantra préféré est : « Lokah Samastah Sukhino Bhavantu. » Il signifie : « Que chaque être vivant soit libre et heureux, et que chacune de mes pensées, chacun de mes mots, et chacune de mes actions participent d'une façon ou d'une autre à contribuer au bonheur et à la liberté de chacun. » Ce mantra a un sens très fort et permet d'émettre une vibration positive pour soi et pour les autres.

# À TOI de jouer

*Assieds-toi en tailleur dans un endroit calme. Tu peux mettre une version audio en fond pour te guider. Ouvre ton cœur, chante, et remplis-toi de gratitude.*

Mon suivi de la semaine

☐ ☐ ☐ ☐ ☐ ☐ ☐

*Voici une de mes versions audio préférées :*

# Une façon de BOUGER

*J'apprécie mon corps*
*et je le remplis de gratitude.*

1

## SAUTS AVANT-ARRIÈRE

**FOCUS**
*Augmentation du rythme cardiaque, circulation de l'énergie et bonne humeur.*

Depuis le chien tête en bas, saute pour ramener les pieds à l'avant du tapis et viens t'asseoir en malasana (voir p. 55). Inspire, puis ramène les paumes de mains ensemble devant la poitrine et allonge le dos. Expire et roule en arrière en passant les pieds derrière la tête. Inspire, puis reviens en avant en malasana, expire et saute en arrière pour revenir en chien tête en bas. Recommence trois fois.

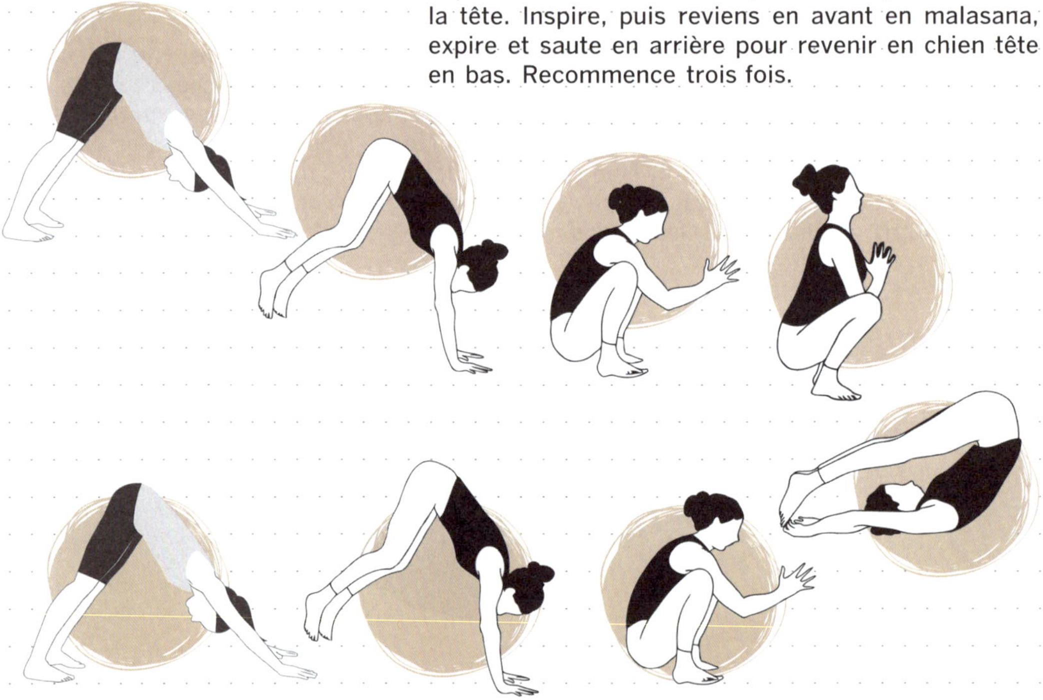

2

## ÉTIREMENT DES QUADRICEPS

Sur le ventre, pose l'avant-bras gauche au sol, plie le genou droit et attrape ta cheville droite avec la main droite. Tire ton pied en direction de ta hanche droite pour étirer les quadriceps. Prends de longues respirations, puis passe de l'autre côté.

**FOCUS**

*Étirement des quadriceps.*

3

## L'ARC ASYMÉTRIQUE

Sur le ventre, plie les deux genoux et attrape tes chevilles par l'extérieur. Inspire en redressant la tête et le haut du corps. Une fois à l'aise dans cette posture, relâche la cheville gauche et étends le bras gauche devant. Essaie de compenser l'asymétrie grâce aux muscles du dos.

Après quelques respirations, attrape ta cheville gauche et lâche la cheville droite. Quelques respirations de nouveau ici, puis termine avec la position neutre (les deux chevilles dans les mains) pour une longue inspiration, et relâche à l'expiration.

**FOCUS**

*Renforcement des muscles du milieu et du bas du dos.*

4

## USTRASANA – LE CHAMEAU, VARIATION

**FOCUS**

*Ouverture du cœur et circulation du sang dans les orteils, pieds et chevilles une fois la posture relâchée.*

Mets-toi sur les genoux avec les orteils au sol, les genoux ouverts un peu plus que la largeur des hanches. Pose tes mains au sol derrière toi et lève la cage thoracique vers le ciel. Si tu es à l'aise, tu peux même poser les avant-bras, puis le haut du crâne au sol. Prends quelques longues respirations, puis relâche et bouge les chevilles pour faire circuler le sang.

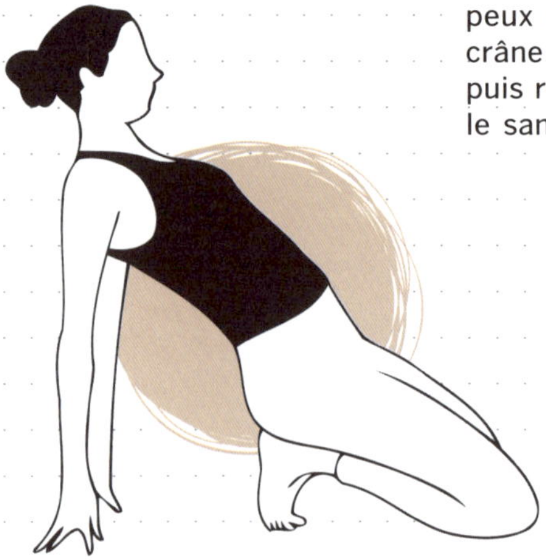

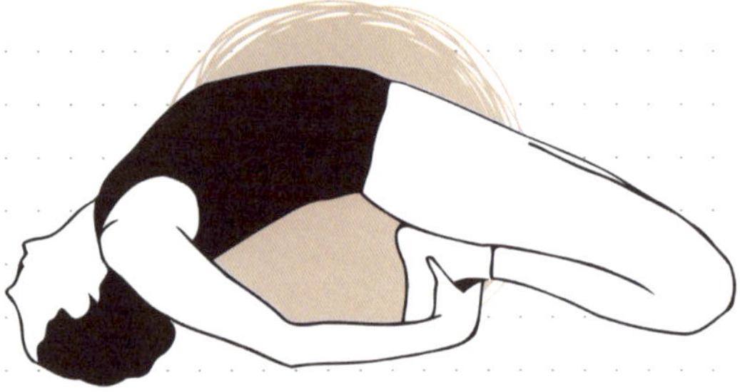

5

## NATARAJASANA – LE DANSEUR

Depuis la position debout, bascule le poids du corps sur le pied droit. Plie le genou gauche et viens attraper ta cheville gauche par l'intérieur avec ta main gauche, puis ramène les deux genoux ensemble. Inspire en levant le bras droit au-dessus de la tête, expire en te penchant en avant en même temps que tu lèves la jambe arrière. Fixe un point loin devant pour t'aider à maintenir l'équilibre. Ralentis ta respiration, puis fais la même chose de l'autre côté.

**FOCUS**

*Renforcement de la jambe d'appui, étirement des quadriceps, psoas de la jambe arrière, concentration, équilibre et ouverture du cœur.*

6

## BHUJAPIDASANA

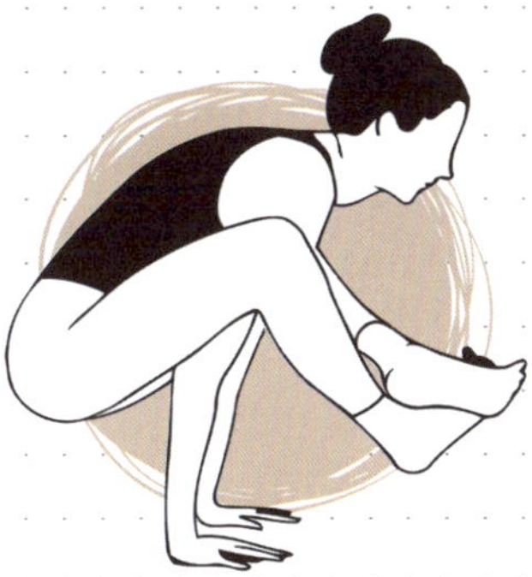

Depuis la position debout, ouvre les pieds un peu plus que la largeur des hanches et penche-toi en avant. Passe les épaules derrière les genoux et viens poser tes mains au sol juste derrière les pieds, de façon à ce que les poignets soient écartés à la largeur des épaules. Plie les genoux et viens doucement t'asseoir sur les bras. Puis, si tu es à l'aise, décolle les pieds du sol et accroche-les l'un avec l'autre. Essaie de garder l'équilibre quelques respirations.

**FOCUS**

*Équilibre, renforcement des bras et poignets, bonne humeur.*

7

## UPAVISTHA KONASANA

Depuis la position assise, ouvre les jambes vers l'extérieur. Penche à droite et passe le bras gauche au-dessus de la tête; puis même chose à gauche, et recommence plusieurs fois pour étirer les obliques. Ensuite, allonge les bras devant au centre et descends à ton rythme le buste vers le sol. Reste entre 3 et 5 min au centre, en laissant aller ta respiration et en laissant faire l'étirement.

Tu peux finir ta séance avec une relaxation.

**FOCUS**

*Ralentissement du rythme, étirement des ischio-jambiers et adducteurs, lâcher-prise, acceptation, tolérance envers soi-même.*

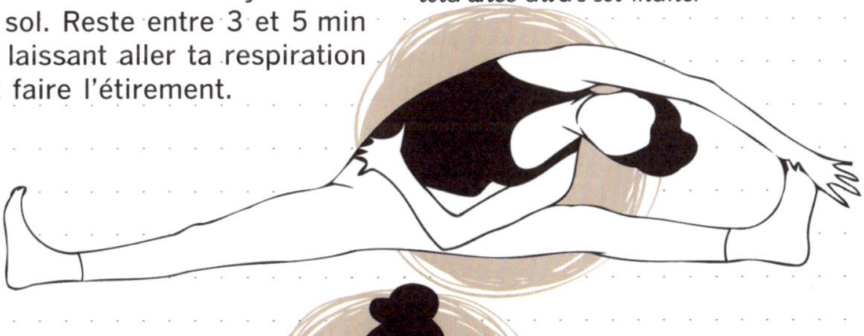

# PANCAKES VIOLETS

**INGRÉDIENTS :**

- **200 g de farine de blé**
- **50 g de maïs violet**
- **50 g de sucre roux**
- **Poudre à lever**
- **1 pincée de noix de muscade**
- **50 cl de boisson végétale de ton choix (que tu peux mélanger à un jus de soja à la texture crémeuse)**
- **5 cl d'huile de coco + un peu pour cuire**
- **1 pincée de sel**

Mélanger la farine, le maïs violet, le sucre, la poudre à lever, la noix de muscade et le sel dans un grand saladier.

Ajouter progressivement la boisson végétale en remuant au centre, sans ramener la farine (pour éviter les grumeaux et laisser la farine s'intégrer naturellement).

Une fois le mélange devenu lisse, ajouter l'huile de coco, puis mélanger de nouveau.

Cuire les pancakes à la poêle à l'huile de coco ou autre.

**Topping :**
Agrémente tes pancakes avec les toppings de ton choix !

# Une façon de PENSER

## VIVRE SES RÊVES

*Lorsqu'on sort de sa zone de confort, les piliers sur lesquels on se reposait auparavant sont complètement ébranlés. On avance sur un territoire mouvant et inconnu, et ce n'est pas à l'extérieur que l'on va avoir des repères stables : c'est à l'intérieur.*

Tu es la seule personne qui peut savoir ce qui est bon pour toi. Au moindre doute, prends simplement le temps de te poser, pour consulter ton cœur. Il te donnera les réponses dont tu as besoin, immédiatement. Par ailleurs, je ne crois pas avoir déjà entendu quelqu'un regretter une action qu'il a effectuée en suivant son cœur. Bronnie Ware, l'infirmière australienne qui a suivi des milliers de personnes en fin de vie, a récupéré de nombreux témoignages et s'en est servie pour écrire son livre *Les 5 regrets des personnes en fin de vie*. Elle a écrit que le regret qui revenait le plus souvent était celui de ne pas avoir vécu sa vie, mais plutôt celle des autres :
« Quand les gens réalisent que leur vie touche à sa fin et qu'ils jettent un regard clair sur leur existence, il est aisé de constater combien de rêves n'ont pas été réalisés. La plupart des gens n'ont pas réalisé la moitié de leurs rêves et doivent mourir en ayant conscience que cela est dû aux choix qu'ils ont fait, où qu'ils n'ont pas fait. »

Aussi, c'est une chance incroyable de pouvoir rêver, et c'est encore meilleur de pouvoir manifester ses rêves. Plus qu'une chance, le chemin vers nos rêves est bourré d'apprentissages. Finalement, on se rend souvent compte qu'au-delà du rêve, c'est la personne que l'on est devenue pour arriver à ce rêve qui est le plus précieux. Henry David Thoreau, philosophe américain, résume tout en une seule phrase, qui est d'une puissance surprenante :

« Si tu **avances** avec **confiance** dans la direction de tes rêves, et si tu fais **l'effort de vivre** la vie que tu t'es imaginée, alors tu rencontreras un **succès inimaginable en temps normal**. Tu dépasses une barrière invisible ; et à partir de là, de nouvelles lois, universelles et plus libérales, vont commencer à s'établir autour et à l'intérieur de toi ; et tu vivras avec une licence d'**un être supérieur**. »

J'ai expérimenté ce qu'il décrit à plusieurs reprises, et aussi improbable et inexplicable que ce soit, il s'avère que ça marche à tous les coups ! Les règles sont simples, mais cela demande courage et confiance pour accéder à cette licence :
**1.** Il faut AVANCER, c'est-à-dire que c'est à toi de faire le premier pas.
**2.** Avec CONFIANCE, c'est-à-dire comme si tu ne pouvais pas échouer.
**3.** Faire l'effort de VIVRE la vie qu'on a imaginé, c'est-à-dire faire comme si notre rêve était déjà réalité, et agir comme si tout était déjà manifesté.
**4.** À partir de là, des choses qu'il aurait été difficile d'anticiper arrivent. Et c'est pour cela qu'il ne faut pas attendre de connaître l'intégralité des étapes et détails pratiques avant de faire un pas en avant. Car nous ne connaissons pas toutes les opportunités qui vont se présenter sur notre route, ni les rencontres, ni les synchronicités, etc. Alors à un moment donné, nous devons prendre le risque d'avancer dans l'inconnu, et faire confiance !

# À TOI de jouer

*Peux-tu lister quelques décisions que tu as prises en sachant bien qu'elles allaient à l'encontre de ton cœur ?*

*Quels en ont été les ressentis/résultats/impacts ?*

*Peux-tu lister quelques décisions que tu as prises en écoutant ton cœur ?*

*Quels en ont été les ressentis/résultats/impacts ?*

# Une façon d'ÊTRE

## Visualiser pour décider

*Voici un exercice simple pour faciliter notre prise de décision, surtout lorsqu'on a le choix entre deux scénarios bien définis. Tu peux utiliser cet exercice aussi bien pour des décisions qui ont un faible impact, telle que : « Est-ce que je sors ce soir ? », que pour des décisions plus importantes, telle que « Est-ce que je saisis cette opportunité ou celle-là ? ».*

Lorsqu'on a un choix à faire, on a tendance à essayer de raisonner, d'analyser, de peser le pour et le contre, etc. On aborde souvent la prise de décision avec notre mental, et cela peut nous « prendre la tête » au sens propre du terme ! Alors que la vérité, c'est que notre cœur sait déjà quel est le meilleur choix pour nous. Pour faciliter notre prise de décision, l'idée est donc de se connecter directement avec le cœur.

Assieds-toi en tailleur dans un endroit calme où tu ne seras pas dérangé(e), puis ferme les yeux. Prends quelques respirations pour te poser et ramener l'attention à l'intérieur. Observe tes sensations, ta respiration, les battements de ton cœur, etc. Puis, imagine-toi dans le premier scénario, comme si tu y étais vraiment. Déroule le film de ce qui se passe après avoir pris la décision de t'embarquer dans ce scénario. Visualise l'environnement dans lequel tu es, la situation, les gens autour si cela est approprié, et connecte-toi à ce que tu ressens. Prends note de ce qui se passe dans ton corps : les sensations au niveau de ta respiration, au niveau de la gorge, au niveau de la cage thoracique, au niveau du ventre... As-tu une sensation d'expansion ? Ou de contraction ? Te sens-tu élevé(e) ou rabaissé(e) ? En réalité, tu n'as même pas besoin de répondre mentalement à ces questions. Tu n'as pas besoin d'interpréter quoi que ce soit. Tout ce que tu as à faire ici, c'est observer ce que tu ressens. Sois attentif au plus subtil. Prends note sans juger ni analyser.
Puis, passe au deuxième scénario. Fais la même chose en déroulant le film du deuxième scénario.
Une fois que tu as passé en revue chaque scénario, tu n'as plus qu'à comparer ce que tu as ressenti.

En général, après cet exercice, la meilleure décision est flagrante ! Il se peut que ce qui en ressort ne soit pas ce que ton mental aurait voulu, mais la décision de ton cœur est celle qui t'apportera le plus de bonheur et d'harmonie. Tu n'as plus qu'à faire confiance à ce que tu ressens.

# Mon SUIVI de la Semaine

- [ ] 
- [ ] 
- [ ] 
- [ ] 
- [ ] 
- [ ] 
- [ ] 

Quand je suis mon cœur
l'univers entier me supporte.

# Une façon de BOUGER

*J'écoute l'incroyable intelligence de mon cœur.*

*Cette séquence a pour but d'ouvrir la cage thoracique afin de laisser le cœur s'exprimer. La cage thoracique est comme un bouclier de protection autour de notre cœur et, pour de multiples raisons, on a parfois tendance à surprotéger, voire même étouffer, nos ressentis. Les flexions arrière permettent de libérer de l'espace pour le cœur et de s'ouvrir à notre sensibilité. Nous sommes ainsi plus « exposés », mais également plus à même de voir et apprécier la beauté de la vie.*

1

## OUVRE-TOI

Debout, les pieds parallèles, écartés à la largeur des hanches. Sur l'inspiration, lève les bras vers le ciel, légèrement en diagonale. Lève la cage thoracique vers le ciel. Si tu es à l'aise, relâche la tête en arrière. Garde le ventre engagé pour supporter le bas du dos. Prends quelques longues respirations.

**FOCUS**

*Expansion, ouverture du cœur, gratitude.*

2

## ANAHATASANA

Depuis la posture à quatre pattes, vérifie que tes hanches sont juste au-dessus de tes genoux, puis fais glisser tes bras vers l'avant. Pose le front au sol et pousse la cage thoracique vers le sol jusqu'à ce que tu sentes l'ouverture dans le haut du dos et peut-être l'étirement dans les épaules et les bras. À chaque expiration, laisse le cœur fondre un peu plus en direction du sol. Si tu es souple au niveau du haut du dos, tu peux poser le menton au sol et continuer à ouvrir la cage thoracique.

**FOCUS**

*Ouverture du haut du dos et des épaules.*

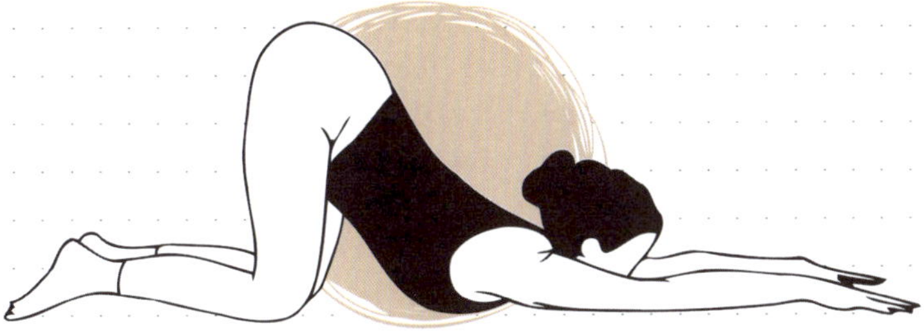

3

## BHUJAPIDASANA, LE COBRA

Allonge-toi sur le ventre, front au sol, les mains juste en dessous des épaules. Presse l'os du pubis légèrement contre le sol et serre la taille, puis sur une inspiration redresse la tête et le haut du corps en cobra, les coudes toujours fléchis et serrés vers le tronc, et à l'expiration redescends. Répète le mouvement trois à cinq fois.

Sur la dernière répétition, reste en haut quelques respirations, en gardant les coudes pliés et les épaules complètement relâchées. Pousse la cage thoracique vers l'avant. Puis relâche.

**FOCUS**

*Renforcer les muscles du bas et du milieu du dos.*

4

## SHALABASANA, VARIATION AVEC LES DOIGTS ENTRELACÉS

Toujours sur le ventre, entrelace les doigts derrière le dos. Rapproche les paumes de mains ensemble et rapproche les omoplates l'une vers l'autre. Sur l'inspiration, redresse la tête et le haut du corps, et tire les bras vers l'arrière. Trouve une respiration stable, puis lève les jambes tendues. Reste ici quelques respirations, puis relâche.

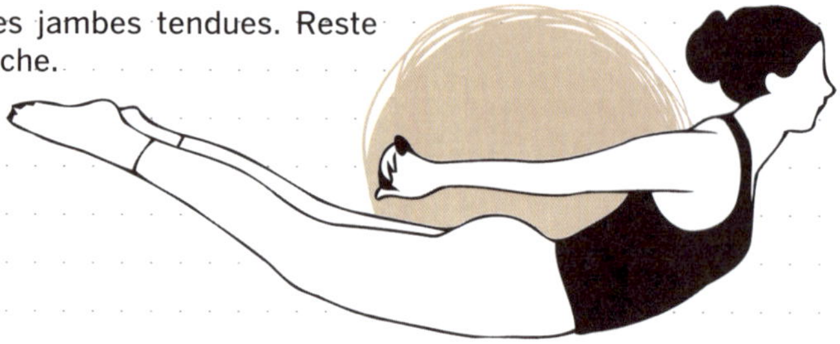

**FOCUS**

*Renforcement des muscles tout le long de la colonne vertébrale.*

5

## URDHVA DHANURASANA, LE PONT

Allonge-toi sur le dos, plie les genoux et pose les pieds au sol, écartés à la largeur des hanches. Allonge les bras le long du corps avec les paumes de mains vers le sol. On commence avec le demi-pont : à l'inspiration lève les hanches, si possible, à hauteur des genoux, et imagine que tu veux ramener le sternum vers le menton. Sens les côtes qui s'ouvrent à chaque inspiration. Si tu es à l'aise, passe tes mains de chaque côté des oreilles, pousse sur le sol avec les talons pour venir poser le haut du crâne au sol, ajuste tes mains si besoin et ramène tes coudes parallèles, puis de nouveau pousse fort sur tes pieds et tes mains pour monter en pont complet. Prends quelques grandes respirations en haut, puis redescends en posant l'arrière du crâne au sol. Ramène les genoux contre la poitrine et balance-toi doucement à droite et à gauche.

**FOCUS**

*Ouverture de tout l'avant du corps.*

6

## BLOC SOUS LE SACRUM

**FOCUS**

*Étirement délicat des psoas et soulagement du bas du dos.*

Place un bloc, version basse ou medium, sous le sacrum. Laisse le poids du bassin reposer sur le bloc et relâche le haut du corps. Si tu es à l'aise, ramène le genou droit contre la poitrine et étends la jambe gauche. Reste quelques minutes ici, puis change de jambe. Ensuite, lève les deux jambes vers le ciel et reste de nouveau quelques minutes.

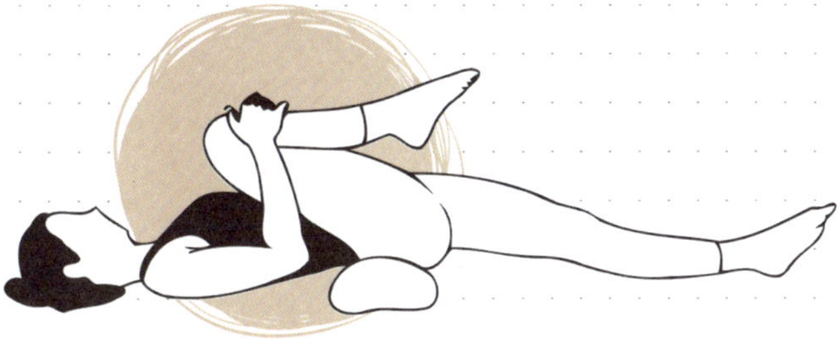

7

## OUVERTURE PASSIVE

*– 5 min –*

Place le bloc, version basse ou medium, sous les omoplates, puis allonge les jambes. Mets quelque chose sous ta tête si besoin. Ouvre les bras vers l'extérieur, avec les paumes de mains vers le ciel. Ferme les yeux, et observe simplement le mouvement de la cage thoracique. Laisse le bouclier s'ouvrir naturellement. Après quelques minutes, retire le bloc et allonge-toi sur le dos en savasana.

**FOCUS**

*Ouverture de la cage thoracique et relaxation.*

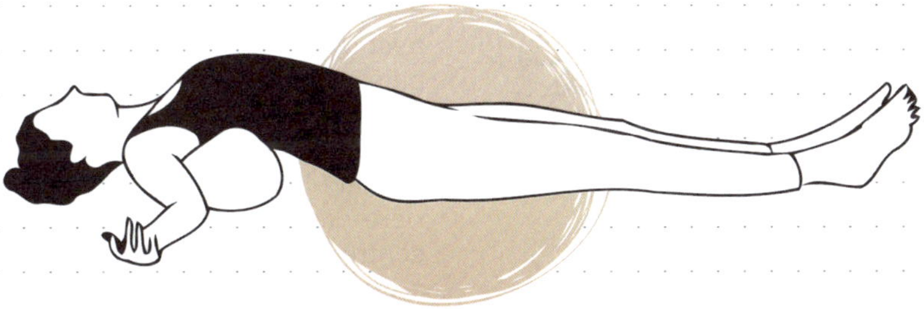

# Une façon de MANGER

*Il y a dans la nature tout ce qu'il faut pour te réconforter, ici et maintenant.*

## GOLDEN MILK/MATCHA LATTE/ MAYAN CHOCOLATE

### MAYAN CHOCOLATE

**- Boisson végétale**
**- ½ gousse de vanille de la Réunion**
**- 1 pincée de piment de Cayenne**
**- 1 pincée de cannelle**
**- 1 généreuse cuillère à soupe de cacao cru en poudre**

Faire chauffer la boisson végétale avec la vanille à feux doux. Ajouter le cacao et le reste des ingrédients jusqu'à l'obtention d'une texture un peu crémeuse.

### MATCHA LATTE

**- ½ cuillère à café de thé matcha**
**- Boisson végétale**

Battre le matcha avec un fouet en bambou (chasen) dans un fond de boisson végétale préalablement chauffée à environ 80 °C (avant ébullition), jusqu'à l'obtention d'une mousse verte homogène. Puis ajouter le reste de la boisson végétale chaude.

### GOLDEN MILK

**- ¼ de tasse de poudre de curcuma et le double d'eau minérale**
**- Lait d'amande**
**- ½ cuillère à café de poivre noir moulu**
**- 1 cuillère à café d'huile de coco**
**- Sucre de coco**

Chauffer à feu moyen l'eau, le curcuma et le poivre jusqu'à l'obtention d'une pâte épaisse. Verser la pâte de curcuma dans un bocal en verre et conserver au frais pour d'autres utilisations ultérieures (environ une semaine).
Faire chauffer le lait d'amande auquel ajouter la pâte de curcuma, l'huile de coco et le sucre.

# Une façon de PENSER

**« LA MOTIVATION NE DURE PAS. C'EST COMME LA DOUCHE, C'EST POUR CELA QU'ON LA RECOMMANDE TOUS LES JOURS. »**

*J'adore cette phrase, elle résume tout à fait ce que j'ai envie d'exprimer cette semaine. La motivation, c'est quelque chose qui se cultive, comme tout le reste ! C'est tout à fait normal d'avoir besoin de se motiver, ou de ne pas se sentir au top de la motivation tous les jours. Et c'est pour cela qu'être entouré de personnes dans le même état d'esprit est d'une aide précieuse. Nous avons besoin du soutien des uns et des autres.*

Je te propose deux actions à mettre en place pour entretenir ta motivation :
- Construire un système de soutien avec une personne proche et de confiance.
- Trouver ton « modèle ».

**Une personne de confiance...**
Choisis une personne de confiance, qui est dans le même état d'esprit que toi, et avec qui tu pourras partager tes rêves même lorsque tu oses encore à peine te les avouer à toi-même, et pour qui tu feras la même chose en étant le réceptacle de ses propres rêves. Ensemble, vous allez créer un espace de confiance et de soutien. Tu seras là pour lui rappeler que tout est possible quand elle aura un moment de doute, et elle sera également là pour toi. Car, parfois, il est plus facile de croire en la capacité de quelqu'un qu'on aime et que l'on supporte qu'en sa propre capacité.

C'est une relation à double sens dans laquelle on s'engage à :
- Soutenir les rêves mutuels en étant à l'écoute l'un pour l'autre et en permettant à chacun de s'exprimer dans un espace de soutien, et non de jugement.
- Soutenir les plans d'action et les échéances, demander régulièrement l'état d'avancement.
- Partager des brainstormings sur la façon dont on peut avancer lorsque l'un se sent bloqué.
- Rappeler à l'autre pourquoi il s'est embarqué sur ce chemin lorsqu'il a un moment de doute.
- Remotiver et encourager lorsque c'est nécessaire.
- Partager les avancées et réussites !

**Un modèle**
Un modèle est une personne dont la vie comporte un ou plusieurs aspects que tu aimerais pour la tienne. Bien sûr, il ne s'agit pas d'être la copie conforme de quelqu'un d'autre, ni de vivre par procuration, mais simplement de t'inspirer de la façon dont ton modèle a mis les choses en place afin que toi aussi tu puisses mettre les choses en place dans ta propre vie.

**Tout ce que je peux imaginer, je peux l'attirer.**

# À TOI de jouer

*Quelles sont les personnes qui t'inspirent ? Et pourquoi ?*

*As-tu des proches avec lesquels tu peux construire un système de soutien ?*

# Une façon d'ÊTRE

## Renforcer le lien et l'entraide

*Tu es un élément faisant partie d'un immense système de tenségrité : lorsqu'un élément bouge, cela crée une vague qui se répercute sur l'ensemble du système. Certaines de nos leçons sont personnelles, d'autres sont des leçons collectives. Mais quoi qu'il en soit, nous avançons tous ensemble sur ce chemin de la vie. Voici un petit exercice de méditation pour en prendre conscience.*

Assieds-toi confortablement puis ferme les yeux. Concentre-toi sur ta respiration naturelle pendant les premières minutes, puis porte ton attention sur tes sensations.
À partir de cet espace neutre, pense à toutes les personnes qui t'ont aidé(e) sur ton chemin. Des personnes proches ou des inconnus, des personnes très présentes dans ta vie ou des personnes qui ont fait seulement un passage éclair. Pense à tous ces moments qui ont marqué ta route, qui t'ont permis de réajuster ta direction. Ces petits ou grands moments de lucidité ont pu être déclenchés par un simple mot, par un regard perçant, quelques lignes d'un bouquin, les paroles d'une chanson, un moment partagé, un film recommandé par untel, ou une idée qui a cheminé jusqu'à toi par je ne sais quel miracle... Pense à ces personnes-là qui sont apparues dans ta vie comme si elles avaient été envoyées par des anges pour te guider. Et ces moments-là où tu as senti que quelque chose s'est passé dans ta tête, dans ton corps, et dans ton âme. Ces moments-là où sans pouvoir l'expliquer, tout faisait sens. Ces moments-là où les réponses sont devenues des évidences. Prends un moment pour remercier ces déclics, et ces personnes qui ont été le vecteur de ces instants précieux.

Puis pense à toutes les fois où TU as été ce changement, où TU as été ce déclic pour quelqu'un d'autre. Peut-être même sans le savoir, tu as été le véhicule d'un conseil ou d'un mot qui a tout changé pour la personne qui était sur ton chemin à ce moment-là. Peut-être pour des personnes de ton entourage, ta famille, tes collègues, ou des personnes que tu as croisées dans la rue. Juste en étant toi-même, en partageant ta joie, tes inspirations, ton sourire... Pense à tout l'impact positif que tu as eu, et que tu as chaque jour, grâce à chacun de tes actes les plus simples.
Plonge dans ce sentiment à la fois rassurant et plein d'humilité, de se sentir à certains moments soutenu, guidé, et tiré vers l'avant, et à d'autres moments de sentir que tu joues à ton tour ce rôle de guide pour d'autres personnes. Plonge dans ce sentiment d'unité et de lien profond avec chaque être vivant, cette sensation de faire partie d'une grande famille, d'être à la fois l'élève et l'enseignant.

# Mon SUIVI de la Semaine

- [ ] 
- [ ] 
- [ ] 
- [ ] 
- [ ] 
- [ ] 
- [ ] 

# Une façon de BOUGER

## Je suis supporté(e) et entouré(e)

*Cette séquence s'effectue à deux. Elle encourage le lien, la connexion, la communication et le partage. Elle nous rappelle à quel point nous avons besoin les uns des autres. La communication est essentielle tout le long de la séance, afin de ne pas heurter son partenaire et d'être dans le respect des limites de chacun.*

### 1
### FACE À FACE

Mettez-vous debout face à face, les paumes de mains ensemble devant le cœur. Prenez quelques instants pour poser votre intention pour cette séance.

**FOCUS**
*Connexion et intention.*

### 2
### ÉTIREMENT DES OBLIQUES

Mettez-vous côte à côte, avec un espace d'à peu près 50 cm entre vous. Place ta main sur la hanche de ton ou ta partenaire. Sur une grande inspiration, lève le bras opposé au-dessus de ta tête, puis penche vers la ligne médiane entre vous pour venir éventuellement attraper sa main. Poussez vos hanches l'un et l'autre pour accentuer l'étirement des obliques. Essayez de synchroniser vos respirations. Répétez l'exercice de l'autre côté.

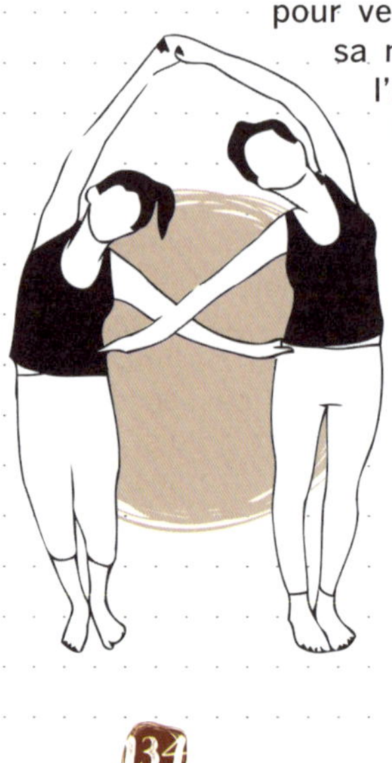

**FOCUS**
*Étirement des obliques, renforcement des abdominaux profonds.*

3

## DOUBLE DOSE DE DÉESSE

Placez-vous face à face dans la posture de la déesse. Attrapez vos poignets avec une prise ferme, puis ajustez votre distance si besoin pour pouvoir pencher le buste vers l'avant et laissez aller le poids du corps en arrière. Allez-y doucement pour progressivement trouver votre équilibre. Si l'un de vous lâche, l'autre tombe en arrière, donc tenez bon !

Cela permet d'étirer toute la colonne vertébrale tout en faisant travailler les hanches.

### FOCUS

*Allongement du dos, soulagement au niveau des lombaires et ouverture des hanches.*

4

## OUVERTURE DU CŒUR

L'un est allongé sur le dos avec les jambes à l'équerre. L'autre se place de dos et vient déposer le haut de son dos sur les pieds de son partenaire, qui peut plier un peu les genoux pour rendre l'opération plus facile. Une fois les pieds bien positionnés au niveau des omoplates, la personne du bas peut tendre de nouveau les jambes, en maintenant les chevilles juste au-dessus du bassin. La personne du haut peut s'appuyer davantage et partir dans une flexion arrière, et passer les bras au-dessus de la tête si elle est à l'aise. Restez quelques respirations, puis inversez les rôles.

### FOCUS

*Ouverture de la cage thoracique et confiance pour se laisser aller en arrière.*

5

## LA PINCE À DEUX

L'un d'entre vous s'installe en paschimottanasana. L'autre pose délicatement ses fessiers sur le bas du dos de son partenaire (depuis le sol il faut surélever un peu les hanches), et ensuite s'allonge sur son dos en douceur, si la personne en dessous est à l'aise. Cela procure un étirement intense pour la personne du dessous, donc respirez profondément et vérifiez que c'est toujours supportable. La personne du dessus, quant à elle, bénéficie d'une ouverture pour la cage thoracique, ce qui devrait être très agréable. Restez quelques respirations, puis inversez les rôles.

**FOCUS**

*Étirement profond des ischio-jambiers pour la personne en dessous et ouverture agréable pour celle du dessus.*

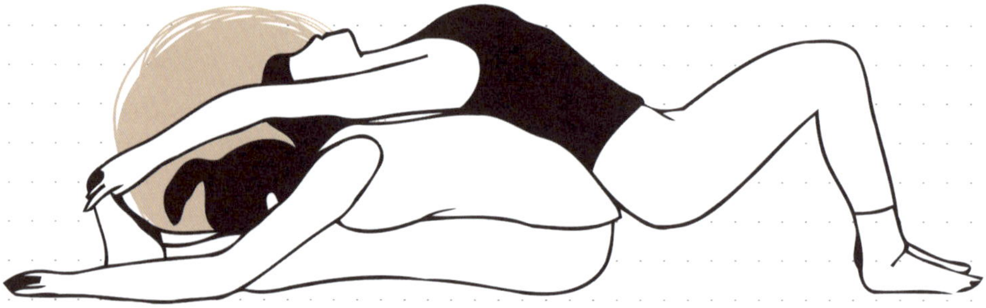

6

## TORSION AU SOL

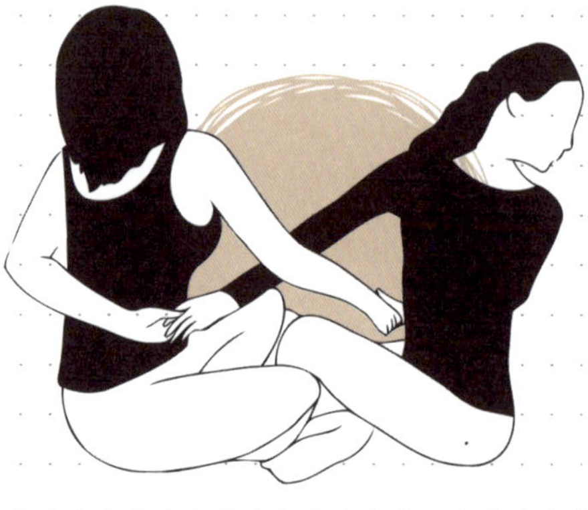

**FOCUS**

*Torsion et ouverture des épaules.*

Asseyez-vous face à face en tailleur avec les genoux qui se touchent. Redressez le haut du corps et tendez votre main gauche en direction de la hanche gauche de votre partenaire. Passez chacun votre bras droit derrière le dos et venez attraper la main de votre partenaire. Prenez une grande inspiration et redressez le haut du corps ; à l'expiration, tournez davantage le buste à droite et regardez loin derrière vous. La main de ton partenaire tire sur ton bras droit pour t'aider à aller plus loin dans la torsion, et tu fais de même pour lui. Synchronisez vos respirations, puis revenez au centre et faites la même chose de l'autre côté.

7

## LE PAPILLON

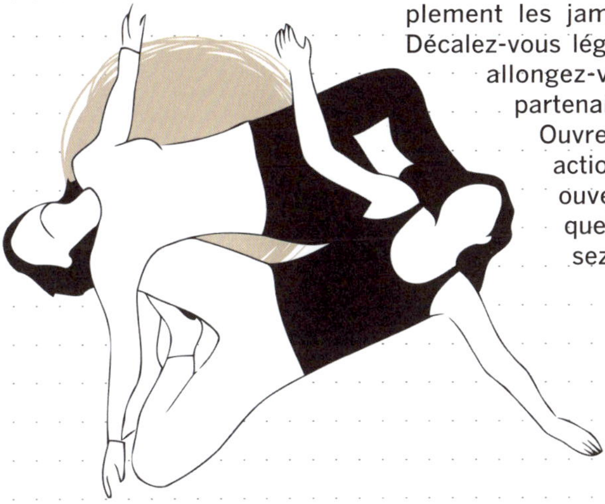

Asseyez-vous dos à dos avec les plantes de pieds ensemble, en baddha konasana (voir p. 47), ou simplement les jambes croisées si c'est trop intense. Décalez-vous légèrement chacun sur votre gauche et allongez-vous sur la cuisse droite de votre partenaire, en vous laissant aller en arrière. Ouvrez les bras et profitez de cette double action : une ouverture pour le coeur et une ouverture pour la hanche droite ! Restez quelques longues respirations puis passez de l'autre côté.

**FOCUS**

*Étirement des adducteurs, ouverture de hanches et du haut du corps, contentement et partage.*

8

## RESPIRATION À DEUX

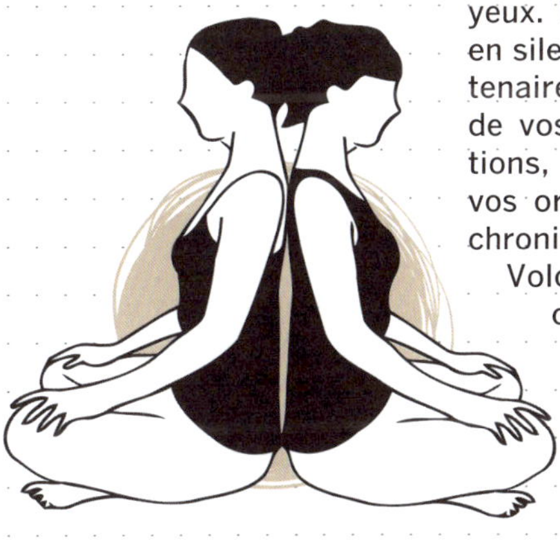

Revenez en position assise dos à dos et fermez les yeux. Prenez un moment pour simplement observer, en silence, l'énergie que vous partagez avec votre partenaire. Sentez la chaleur qui se dégage des zones de vos corps qui se touchent, observez vos respirations, prenez conscience de la vie qui circule dans vos organismes respectifs. Puis, naturellement, synchronisez vos respirations pendant quelques minutes. Volontairement, ensuite, alternez vos respirations, comme pour imiter des vases communicants : lorsque l'un inspire, l'autre expire, et vice versa. Continuez quelques minutes. Prenez enfin un instant pour remercier votre partenaire pour cette séance partagée.

**FOCUS**

*Prise de conscience, subtilité, observation, sérénité, échange.*

# MON SMOOTHIE RÉCUP

**INGRÉDIENTS :**

**- 1 banane congelée**
**- ½ poire**
**- 1 cuillère à soupe de purée d'amandes**
**- 1 cuillère à soupe de cacao cru (ou une poignée de fèves de cacao crues)**
**- 1 cuillère à soupe de maca (commence avec un peu moins si tu n'as pas l'habitude car le goût est fort)**
**- 2 dattes**
**- Un peu de boisson végétale de ton choix (d'amande, de riz, etc.)**
**- Eau**

Le tout dans le mixeur. Et voilà !

# Une façon de PENSER

## JE M'INITIE AU FLOW

*L'état de grâce, ou «flow» en anglais, c'est cet état de connexion suprême où tout est fluide, naturel, et instinctif que recherchent souvent les sportifs de haut niveau ou les personnes qui aiment les sensations extrêmes. On a l'impression d'avoir accès à beaucoup plus de ressources, on se sent plus vivant et plus performant. Et la bonne nouvelle, c'est que nous n'avons pas besoin d'être un sportif de haut niveau ou de faire des choses «extrêmes» pour atteindre cet état, car en fait, chacun a sa propre manière d'entrer dans ce «flow».*

Certains chercheurs (notamment ceux du Flow Genome Project) ont étudié ce phénomène et ont décrit ses caractéristiques essentielles avec l'acronyme STER, en anglais, dont voici mon interprétation :

- ***Selflessness* :** disparition de la conscience du soi. Par exemple, dans cet état de grâce, même les personnes timides se «transcendent» et oublient complètement qu'elles sont dans une situation où, peut-être, en temps normal, leur timidité ferait surface. Dans cet état de grâce, on perd la notion du «soi».
- ***Timeless* :** disparition de la notion du temps. La notion du temps est complètement chamboulée : on n'a aucune idée de combien de temps on a été dans cet état. Des heures et des heures ont pu s'écouler avec l'impression que cela a duré un court instant, et vice-versa.
- ***Effortlessness* :** disparition de la notion d'effort. Quel que soit notre niveau de fatigue ou l'effort physique que l'on est en train de faire, il y a une notion de dépassement, de facilité, de fluidité. On ne sent plus l'effort.
- ***Information Richness* :** richesse d'informations. C'est comme si subitement on avait accès à une gigantesque base d'informations. On comprend mieux tout ce qui se passe autour de nous, pas forcément mentalement ou intellectuellement, mais plutôt intuitivement au niveau du corps. C'est une sensation qui est difficile à expliquer avec des mots, car elle dépasse notre conscient. On est doté d'une intuition forte.

Les expériences d'état de grâce sont incroyablement puissantes. Elles nous permettent de toucher du doigt l'immensité de nos ressources, et nous permettent de puiser dans ces expériences une confiance et une force qui nous donnent envie d'explorer davantage notre potentiel. Elles sont la preuve que nous avons des ressources cachées et que nous sommes capables de bien plus que ce que nous pensons !

**En rentrant dans le flow j'accède à un potentiel infini.**

# À TOI de jouer

*Qu'as-tu envie de célébrer aujourd'hui ?*

*Peux-tu décrire la ou les dernières fois où tu t'es trouvé(e) dans un état de grâce ? Comment t'es-tu senti(e) ?*

*Quels ont été les déclencheurs, à ton avis, de cet état ? Quels sont les facteurs en commun pour chacune de tes expériences de flow ?*

*Qu'est-ce que cela implique ? (Par exemple : de l'aventure, d'être en solo, d'être entouré(e) d'une foule, d'être dans un lieu que tu connais, une activité particulière, etc.)*

# Une façon d'ÊTRE

## Entrer dans le flow

*Installe-toi en position assise et surélève les hanches si besoin. Redresse le dos, allonge la nuque, et relâche les épaules. Prends une grande inspiration, retiens le souffle quelques secondes en haut, puis ouvre la bouche et expire en émettant l'intention de laisser ton mental de côté. Retrouve ta respiration naturelle, et garde ton attention sur les sensations et le moment présent.*

Observe l'énergie qui circule dans ton corps. Prends conscience de ta respiration, des battements de ton cœur et de ton sang qui circule, des différents flux qui permettent le bon fonctionnement de tes organes. Observe les sensations de picotements, d'engourdissements, de chaud et froid, etc. Prends conscience que chaque zone de ton corps émet une vibration, puis étends cette prise de conscience à l'ensemble de ton organisme. Réalise qu'il y a une intelligence subtile qui régule tous les systèmes de ton corps, et que tu es un univers à toi tout seul.

Continue à étendre progressivement cette prise de conscience à ce qu'il se passe autour de toi : dans la pièce dans laquelle tu es, la maison, la ville ou le village, la région, le pays, le monde, le ciel, les nuages, le Soleil, la Lune, les étoiles, les galaxies, l'Univers. Remarque qu'il y a également une intelligence subtile qui régule les saisons, les marées, les cycles de la Lune, le mouvement des planètes, etc. L'intelligence subtile qui régule ton corps est la même que celle qui régule l'Univers !

Réalise que l'énergie de vie qui t'anime aujourd'hui dépasse les préoccupations de ton mental. Tu fais partie d'un tout. Prends du recul sur les petits soucis matériels de la vie et ouvre ton cœur à cette intelligence subtile avec confiance et lâcher-prise. Laisse l'univers prendre soin de toi et te montrer la route.

# Mon SUIVI de la Semaine

- [ ] 
- [ ] 
- [ ] 
- [ ] 
- [ ] 
- [ ] 
- [ ] 

# Une façon de BOUGER

*J'entre dans le flow de l'univers.*
*J'accepte d'être un canal pour transmettre la lumière.*

1

## ÉTIREMENT LIBRE

Depuis la position debout, les pieds écartés à la largeur des hanches, prends une grande inspiration et passe les bras au-dessus de la tête, puis à l'expiration attrape ton poignet droit avec la main gauche, croise le pied droit loin derrière le pied gauche et penche sur le côté gauche. Le genou gauche est plié, et la main gauche tire sur le bras droit pour étirer tout le côté droit. Reste quelques respirations ici, puis passe de l'autre côté.

### FOCUS

*Équilibre, fluidité, danse, et expansion.*

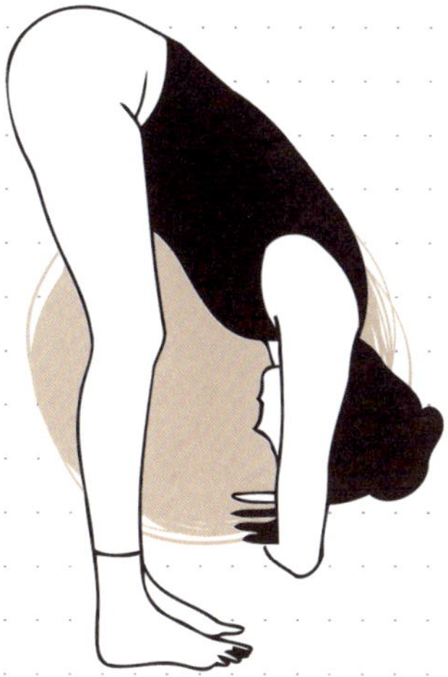

2

## UTTANASANA

Bascule le haut du corps en avant. Plie les genoux si nécessaire, surtout si tu es sensible dans le bas du dos. Relâche la tête jusqu'à sentir tout le poids du crâne balancer comme un pendule. Tu peux attraper tes coudes opposés ou simplement laisser les bras balancer naturellement. Prends de longues respirations, puis passe en chien tête en bas.

**FOCUS**

*Étirement des ischio-jambiers et du dos.*

3

## ANJANEYASANA

Place le pied droit entre les mains et garde le talon gauche relevé du sol et les hanches droites. Sur une inspiration, lève les bras au-dessus de la tête, puis à l'expiration installe-toi en fente (version haute). Vérifie que ton genou droit ne dépasse pas la cheville droite. Tu peux plier légèrement le genou gauche pour maintenir plus facilement le bassin droit, puis progressivement étendre la jambe gauche (tu vas sentir l'étirement sur le devant de la cuisse gauche). Repousse le sol avec le talon droit, engage le bas du ventre et étire les bras vers le ciel. Reste quelques respirations ici, puis passe à la posture suivante.

**FOCUS**

*Renforcement des cuisses et fessiers, étirement des quadriceps et psoas, équilibre et concentration.*

4

## PARIVRTTA ANJANEYASANA

À partir de la posture précédente, prends une longue inspiration, et à l'expiration place ta main gauche à côté du pied droit et pivote le haut du corps à droite. Ouvre le bras droit vers le ciel, en suivant la torsion de la cage thoracique (ne force pas sur l'épaule droite à tout prix).

**FOCUS**

*Torsion.*

5

## VASISTHASANA, LA PLANCHE SUR LE CÔTÉ

Depuis la posture précédente, passe le pied droit en arrière pour rejoindre le pied gauche dans la planche sur le côté. Tu peux poser le genou gauche au sol si le poids est trop important sur ton bras gauche. Pour te sentir plus léger(ère) sur tes poignets, pense à engager l'ensemble du corps et à défier la gravité en imaginant que tu veux toucher le ciel avec ton bras droit. Reste quelques respirations ici, puis passe à la posture suivante.

**FOCUS**

*Renforcement des obliques, stabilisation des épaules, force intérieure, engagement, volonté.*

6

## CAMATKARASANA, LA POSTURE SAUVAGE

Plie le genou droit et pose le pied droit derrière toi, tandis que la jambe gauche reste tendue. Repousse le sol avec le talon droit pour lever les hanches vers le ciel. Pivote le haut du corps vers le plafond et prends de grandes respirations pour créer l'ouverture du cœur.
Reviens en chien tête en bas puis reprends les exercices 3 à 6 avec le côté gauche.

### FOCUS

*Exploration, gratitude, expansion, ouverture de cœur et de l'avant du corps, stabilité des épaules.*

7

## VIRASANA

Assieds-toi sur les genoux. Pose ta main droite sur le ventre, et la main gauche sur le cœur. Inspire en trois temps, en faisant deux rétentions : inspire à un tiers de ta capacité et bloque le souffle 1 ou 2 secondes, puis inspire au deux tiers et bloque, puis inspire complètement jusqu'en haut, et expire doucement et complètement en une seule fois. Continue cette respiration pendant quelques minutes, puis inverse : inspire en une fois, complètement, et expire en trois fois.
Continue quelques minutes, puis retrouve une respiration naturelle. Pense aux choses pour lesquelles tu éprouves de la gratitude, jusqu'à ce que tu la ressentes vivement.

### FOCUS

*Gratitude, connexion avec l'Univers, calme intérieur, confiance en la vie.*

# Une façon de MANGER

*J'ai été initiée à la puissance du cacao cru lors d'un dîner spécialement conçu autour de cet aliment extraordinaire. Au rendez-vous : euphorie, énergie débordante, créativité hors du commun, et hyper conscience. Depuis, le cacao cru s'est naturellement intégré dans mon alimentation, car en plus d'être bon il me permet d'accéder à des ressources insoupçonnées.*

## CHOCOLATE LOVE

**INGRÉDIENTS :**

**- 1 tablette de chocolat de 250 g (au moins 70 % de cacao, cru de préférence)**
**- 3 ou 4 cuillères à soupe d'huile de coco**
**- 1 pot d'environ 325 g de crème de marrons ou de châtaignes**

Faire fondre le chocolat dans l'huile de coco à feu très doux (sans dépasser 42° si tu veux garder les propriétés du cacao cru), puis ajouter la crème de marrons et mélanger le tout.
Option 1 : laisser reposer le mélange au frais et servir froid pour bénéficier des bienfaits du cacao cru.
Option 2 : verser le mélange dans un plat ou dans des petits ramequins et enfourner à 150 ° pendant 10 min pour obtenir un coulant unique et exquis.
Astuce : tu peux aussi ajouter de l'agar-agar dans le mélange si tu veux obtenir une version plus consistante.

| | | | |
|---|---|---|---|
| 1 | 2 | 3 | 4 |
| 8 | 9 | 10 | 11 |
| 15 | 16 | 17 | 18 |
| 22 | 23 | 24 | 25 |
| 29 | 30 | 31 | |

| | | |
|---|---|---|
| 5 | 6 | 7 |
| 12 | 13 | 14 |
| 19 | 20 | 21 |
| 26 | 24 | 28 |

NOTES

# Pour continuer ta ROUTE

*J'espère que ce programme te donne envie de continuer l'aventure vers une vie encore plus healthy, happy et épanouie.*

Si c'est le cas, bonne nouvelle : ma mission est de partager tout ce qui peut t'aider sur ton chemin, notamment sur mon site www.insoha.com. Tu trouveras donc de nombreux moyens pour continuer ta route :

• **Le programme de coaching en ligne #magicallyou :** afin de t'accompagner au quotidien, j'ai créé un programme en ligne, facilement accessible quel que soit l'endroit où tu es et ta situation actuelle, et qui rassemble plusieurs approches; développement personnel, méditation, yoga, hypnose, PNL, etc.; afin de t'apporter les outils qui t'aideront à créer la vie de tes rêves.

• **Les retraites Yoga & Art de vivre :** j'organise des retraites tout au long de l'année en France et à l'étranger afin d'emmener les heureux participants dans un voyage intérieur réel, profond et transformateur.

• **Le DVD *Yoga à la maison et cuisine saine*** que j'ai eu la chance de réaliser avec l'équipe Yoga Journal France et en compagnie d'Anne Poivesan et Cléa Cuisine qui présentent 11 recettes saines et végétariennes à réaliser chez soi.

• **Ma chaîne YouTube :** je propose gratuitement des séances de yoga dynamiques, des séances douces, et des tutoriaux. J'aime aussi aborder différents thèmes de développement personnel et partager mes aventures.

Au plaisir de te retrouver sur la route,
With love,
Sandra

Achevé d'imprimer par Industria Graficas Cayfosa (en Espagne) en décembre 2018.
Dépôt légal : janvier 2018
39-3408-3
ISBN : 978-2-01-703554-1